Brigitte Troeger

Brennende Augen

Johannes Lepsius: Ein Leben für die Armenier

Erzählung

BRUNNEN

VERLAG GIESSEN · BASEL

S. 5: Phil Bosmans, aus: Selig die Gewaltlosen,
© Herder Verlag Freiburg

S. 177–178 Lied aus: Friedrich Heyer (Hrsg.), Die Kirche Armeniens:
Eine Volkskirche zwischen Ost und West, Stuttgart 1978

© 2008 Brunnen Verlag Gießen
www.brunnen-verlag.de
Umschlagfoto: Corbis, Düsseldorf
Umschlaggestaltung: Ralf Simon
Satz: DTP Brunnen
Druck: GGP Media GmbH, Pößneck
ISBN 978-3-7655-1904-8

Inhalt

3

Selig die Gewaltlosen,
die nicht nach Macht hungern.
Sie wissen, dass der Mensch
Hände hat, um zu vergeben,
und keine Fäuste, um zu schlagen.

Selig die Gewaltlosen,
die dort stehen, wo die Schwachen sind,
wo Menschen Opfer von Menschen werden,
und die unermüdlich eintreten
gegen den Missbrauch der Macht.

Selig die Gewaltlosen,
die die Spirale der Gewalt umbiegen
zu einer Spirale der Freundschaft und Liebe.
Sie sind wie das Wasser im Fluss,
das die scharfen Steine glättet.
Mit sanfter Gewalt gewinnen sie
die Herzen der Menschen.

Um ein Gewaltloser zu werden,
müssen wir durch Wüsten hindurch,
in denen unser Herz geläutert wird.

Phil Bosmans

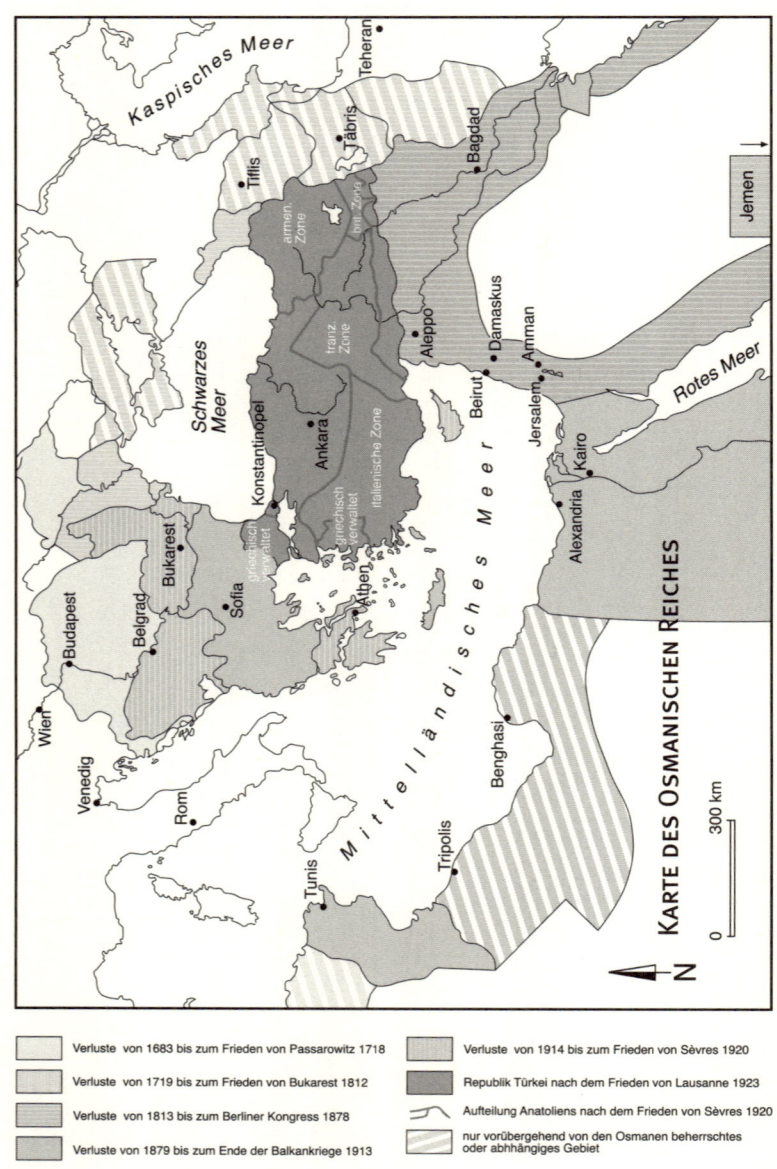

Kaspisches Meer

Schwarzes Meer

Teheran

Täbris

Tiflis

Bagdad

armen. Zone

mil. Zone

Damaskus

Aleppo

Amman

franz. Zone

Beirut

Rotes Meer

Jersalem

Ankara

Kairo

Konstantinopel

Italienische Zone

griechisch verwaltet

griechisch verwaltet

Alexandria

Jemen

Athen

Bukarest

Sofia

Budapest

Belgrad

M i t t e l l ä n d i s c h e s   M e e r

Benghasi

KARTE DES OSMANISCHEN REICHES

Wien

Venedig

Rom

Tunis

Tripolis

300 km

0

N

Verluste von 1683 bis zum Frieden von Passarowitz 1718	Verluste von 1914 bis zum Frieden von Sèvres 1920
Verluste von 1719 bis zum Frieden von Bukarest 1812	Republik Türkei nach dem Frieden von Lausanne 1923
Verluste von 1813 bis zum Berliner Kongress 1878	Aufteilung Anatoliens nach dem Frieden von Sèvres 1920
Verluste von 1879 bis zum Ende der Balkankriege 1913	nur vorübergehend von den Osmanen beherrschtes oder abhhängiges Gebiet

Aus: Volker Höhfeld, Türkei. Schwellenland der Gegensätze,
Justus Perthes Verlag, Gotha 1995, Rechte beim Autor

6

Vorwort

„Deutschland hat einen seiner edelsten Söhne verloren, die Armenier aber ihren einzigen Lepsius, den unersetzlichen Freund, der durch seine große Liebe sich selbst ein Denkmal gesetzt hat in den Herzen aller Armenier, ein Denkmal unvergänglicher als Marmor und Granit."

Mit dieser Würdigung seines Freundes James Greenfield beschließt Brigitte Troeger ihre Erzählung über Person und Lebenswerk von Johannes Lepsius. Als Freund und Anwalt des armenischen Volkes ist Pfarrer Dr. Johannes Lepsius eine bleibende Gestalt der Theologie- und Kirchengeschichte.

Weithin vergessen und nur in Fachkreisen bekannt, kommt sein Leben und Werk in den letzten Jahren wieder in den Blick politischer und kirchlicher Kreise in Deutschland. So hat der Deutsche Bundestag zum 90. Jahrestag der Vertreibungen und Massaker an den Armeniern im Osmanischen Reich 2005 eine Armenien-Resolution angenommen, in der es heißt:

„Der Deutsche Bundestag ehrt mit diesem Gedenken die Bemühungen all der Deutschen und Türken, die sich unter schwierigen Umständen und gegen den Widerstand ihrer jeweiligen Regierung in Wort und Tat für die Rettung von armenischen Frauen, Männern und Kindern eingesetzt haben. Besonders das Werk von Johannes Lepsius, der energisch und wirksam für das Überleben des armenischen Volkes gekämpft hat, soll dem Vergessen entrissen und im Sinne der Verbesserung der Beziehungen zwischen dem armenischen, dem deutschen und türkischen Volk gepflegt und erhalten werden." Diesem Anliegen dient diese biografische Erzählung parallel zu einer Veranstaltungsreihe des Lepsiushauses Potsdam e.V. anlässlich des 150. Geburtstags von Johannes Lepsius am 15. Dezember 2008.

Kann die Erinnerung an Johannes Lepsius heute zur Verständigung und Versöhnung beitragen, wo doch die Erinnerung an sein Werk bis heute kontroverse Diskussionen auslöst und die offiziellen Stimmen in der Türkei sie als Gefahr sehen? Die Aufarbeitung der Vergangenheit belastet bis heute das Verhältnis zwischen Armenien und der Türkei, aber auch zwischen Europa und der Türkei.

Ein neuer Blick auf das Leben und Werk von Johannes Lepsius selbst könnte dabei helfen.

Als Theologe bemühte er sich um eine „praktische Kritik der Wirklichkeit". Er sah es als Christenpflicht, das Reich Gottes als Gottes Herrschaft über die Welt auszubreiten. Für ihn hatte es auch soziale und politische Dimensionen. Deshalb verbindet sich in seinem Wirken als Pfarrer und Theologe konstruktiv-kritische Theologie mit sozialem, karitativem und politischem Handeln. Mutig und entschlossen, konfliktbereit und Widerstand nicht scheuend setzte er sich für die Menschlichkeit ein.

Für sein Ziel bemühte er sich unablässig, unterschiedliche Bereiche miteinander ins Gespräch zu bringen: Theologie und Philosophie, wissenschaftliche Theologie und kirchliche Praxis, Gemeinschaftsbewegung und Kirche, Orient und Okzident.

Schon vom Elternhaus her mit dem Orient vertraut und seit seiner ersten Stelle als Hilfsgeistlicher in Jerusalem mit dem Leben dort bekannt, galt sein Interesse der Mission unter Muslimen. Doch sah er die Notwendigkeit, den Islam kennenzulernen, und war der Überzeugung, dass auch die christliche Lehre neu durchdacht werden müsse, wenn Muslime sie verstehen sollen. So sind bei ihm erste Ansätze zum interreligiösen Dialog zu erkennen.

Als im Osmanischen Reich 1895/96 unter Sultan Abdulhamid II. Massaker stattfanden, verschaffte er sich vor Ort ein eigenes Bild. Durch seine Veröffentlichungen machte er das

Schicksal der Armenier in Deutschland bekannt, gründete sein Hilfswerk und warb unablässig um Spenden.

Nie hat er sich aus Opportunismus zum Verschweigen der Verbrechen bringen lassen und offen die Orientpolitik der christlichen Großmächte kritisiert. Als seine Kirche ihm den Urlaub für sein Engagement für die Armenier verweigerte, gab er sein Pfarramt auf, um sich ganz in den Dienst dieser Aufgabe zu stellen. Ebenso stellte er sein Gewissen über die Staatsraison, als das mit dem jungtürkischen Regime verbündete Deutsche Reich die Vorgänge im Osmanischen Reich unter Militärzensur stellte.

Bleibend aktuell und beispielhaft ist sein Einsatz für Menschen, die als Minderheit Verfolgung erleiden und von politischer Beteiligung ausgeschlossen werden. Er hat das Unrecht beim Namen genannt und öffentlich gemacht trotz eigener Nachteile. Den Opfern hat er praktische Hilfe geleistet und Kritik an den Machthabern geübt, die politische Interessen über die Menschenwürde stellten.

In der heutigen Türkei werden von offizieller Seite nach wie vor die Massaker an den Armeniern geleugnet und eine solche Behauptung unter Strafe gestellt. Es ist aber nicht zu übersehen, dass mit der Annäherung an Europa ein zivilgesellschaftlicher Prozess in Gang gekommen ist, der auch den Umgang mit der Geschichte offen diskutiert. Gerade die christlichen Minderheiten in der Türkei setzen deshalb große Hoffnung auf eine Annäherung an die EU, die den Weg der Demokratie stärken würde.

Es wäre wohl im Sinne des Johannes Lepsius, wenn wir heute in unserem Land und unseren Kirchen das Gespräch mit den Minderheiten der orientalischen Kirchen sowie der Juden und Muslime fördern würden und alle ihre Sicht und ihre Geschichte einbringen könnten. Wo Vertrauen wächst, wird auch ein offenerer Umgang mit einer von Schuld belasteten Geschichte möglich.

Ich danke Brigitte Troeger, dass sie mit ihrem Buch dazu wieder ein Stück der Tür geöffnet hat.

Zum Gedenken an Johannes Lepsius wurde in diesen Tagen in Potsdam-Hermannswerder ein Kreuzstein aufgerichtet. Das Kreuz als Lebensbaum ist in ungezählten Varianten in der Armenischen Kirche ein zentrales Symbol. Es zeigt für die Armenier die christliche Hoffnung, dass mitten im Tod neues Leben wächst.

Diesem Buch ist zu wünschen, dass es im Sinne dieses Symbols zur Versöhnung und Verständigung unter den Menschen und Völkern beiträgt, denn Johannes Lepsius „war ein Freund der Armenier, aber kein Feind der Türken" (Dr. Rainer Lepsius).

Unter dieser Einsicht könnte ein neuer gemeinsamer Schritt in der Bearbeitung schuldhafter Vergangenheit geschehen.

Landesbischof Frank Otfried July

Potsdam, 3. Juni 1921, Große Weinmeisterstraße 45

Mit eiligen Schritten nähert sich Johannes Lepsius seinem Zuhause, der ehrwürdigen Villa in der Großen Weinmeisterstraße in Potsdam. Wenn er fliegen könnte! Mit dreiundsechzig Jahren ist man nicht mehr der Schnellste. Die Knochen und Gelenke wehren sich gegen jegliche jugendliche Anwandlung. Der feuchte Kies knirscht unter seinen Schuhen. Mit dem Stockschirm schiebt er ein paar trockene Äste aus dem Weg. Von den hohen Bäumen des Parks tropft es. Die Abendsonne taucht das nasse Grün in glänzendes Licht.

Aus dem offenen Fenster des Empfangszimmers klingt Klaviermusik. Alice hat nach einem heftigen Gewitter frische Luft ins Haus gelassen. Der Tag war schwül und heiß. Nun weht ein leichter Wind und spielt mit den Vorhängen. An der Haustür kommt sie ihm erwartungsvoll entgegen. „Und?"

„Es wird alles gut, Alice – ein kleines Wunder ist geschehen."

„Wirklich? Ja, das wäre doch …!" Alice Lepsius schaut ihren Mann ungläubig an.

Johannes wirkt entspannt, aber müde.

„Du machst mich neugierig, ist er tatsächlich …?"

„… freigesprochen, ja – aber es war eine schwere Geburt, kann ich dir sagen!"

„Wir sollten einen kleinen Spaziergang im Park machen. Ein wenig Ruhe nach dem Sturm tut dir gut", redet Alice auf ihn ein, während er Hut, Schirm und Jacke an der Garderobe ablegt. „Ich bin so gespannt!"

„Ich habe die Herren Wegner und Greenfield zu einem Glas Wein eingeladen, Alice. Sie kommen schon bald – nur für ein Stündchen. Ach, und einer der Psychiater will auch dabei sein, Dr. Störmer heißt er. Er äußerte den Wunsch, mich näher kennenzulernen."

„Musste das denn sein?"

„Nur für ein Stündchen, Alice."

„Deine ‚Stündchen‘ kenne ich … Aber was sage ich, komm wenigstens eine Kleinigkeit essen – denk an den Zucker. Und rate mal, wer heute gekommen ist!“

In der Küche – nirgends sonst ist es gemütlicher im eleganten Haus – plaudert Renate, die erwachsene Tochter, mit ihren kleinen Stiefschwestern und schaut dem Vater erwartungsvoll entgegen. Sie muss ihm keine Fragen stellen. Dieses zufriedene Gesicht spricht Bände.

„Gratuliere!“ Renate umarmt den Vater.

„Wozu gratulieren?“ Corinna, das Nesthäkchen, hat nichts verstanden. Die Erwachsenen werfen sich wissende Blicke zu.

„Wozu gratulieren?“, wiederholt die Kleine hartnäckig.

„Nun, Papa war heute im Gericht und konnte einem Mann helfen, der zum Tode verurteilt werden sollte.“

„Warum?“

Die Eltern schweigen, aber die vierzehnjährige Viola weiß Bescheid: „Er hat doch Talaat Pascha erschossen!“

„Und wer ist das?“

„Er war der Innenminister der Türkei.“

Jetzt greift Alice energisch ein. „Ach Corinna, das ist eine lange Geschichte. Wenn du älter bist, wird Papa sie dir erzählen. Heute Abend geht das nicht. ‚Der fröhliche Landmann‘ sitzt immer noch nicht, üb noch ein Viertelstündchen, und dann ist es auch bald Zeit fürs Bett.“

Johannes Lepsius eilt nach oben, um sich mit kaltem Wasser zu erfrischen. Nun steht er vor dem Spiegel und knöpft das frische Hemd zu. „Heute bin ich sehr zufrieden mit dir, du alter Kämpfer“, raunt er seinem Spiegelbild zu. Seine großen, wachen Augen nähern sich dem Spiegel. Er nimmt den Kamm, legt eine Haarsträhne quer über den kahlen Kopf und kämmt die dichte Haarwelle am Hinterkopf, streicht sich über Lippen- und Spitzbart, setzt den Kneifer wieder auf, zieht die Weste und das Jackett an. Die goldene Taschenuhr, das kostbare Erbstück seines Vaters, sagt ihm, dass er noch vier Minuten hat.

Im Empfangszimmer ist es lebendig geworden. Dr. James Green-field und sein Freund, der Dichter Armin T. Wegner, haben Dr. Störmer mitgebracht. Alice hat sie empfangen, und Renate ist nach oben gestürmt, um ihren Bruder Alfred zu überreden, seine Schulbücher zu schließen.

„Da unten scheint es interessant zu werden!"

Johannes Lepsius entkorkt den besten Wein. „Bevor wir ins Detail gehen, meine lieben Gäste, sollten wir auf Salomon Teilirian anstoßen, auf seine Freiheit – und auf das übrig gebliebene kleine Häuflein der Armenier. Dass es zurückfindet in ein erträgliches Leben!"

Das zarte Klingen der Gläser verleiht diesem Moment eine heitere Note, und Alfred meint, sein berühmter Großvater, der allseits be-kannte erste deutsche Ägyptologe, habe soeben ganz kurz aus seinem Goldrahmen in die ernste Runde gelächelt.

„Was ich heute im Gerichtssaal erlebt habe, übersteigt mein Fas-sungsvermögen!" Dr. Störmer, der stets aufmerksame Zuhörer, muss nun endlich reden und Fragen stellen. „Ich habe viele tragische Le-bensgeschichten angehört, aber die Beschreibungen des jungen Salo-mon Teilirian und der armenischen Zeugin haben mich zutiefst er-schüttert. Wie können Menschen so viel Leid ertragen!?"

Armin Wegner räuspert sich: „Wenn man Salomons Schicksal mit 1,5 Millionen multipliziert, dann schauen wir der Wirklichkeit ins Gesicht – aber nein, es ist kein Gesicht, es ist eine grauenhaft ent-stellte Fratze, ein Alptraum! Ich habe während meiner Dienstzeit als Sanitätsoffizier in der türkischen Armee die Zeltstädte der ver-hungernden Armenier in der Mesopotamischen Wüste gesehen und heimlich fotografiert. Obwohl das bei Todesstrafe verboten war."

In Armin Wegners Gesichtszügen spiegelt sich die erlebte Anspan-nung, seine tief liegenden, umschatteten Augen haben das größte Elend gesehen. „Die Todgeweihten vertrauten mir und gaben mir Bittbriefe an den amerikanischen Botschafter mit. Ich versteckte sie in meinem breiten Gürtel, wohl wissend, dass ich nichts ausrichten würde – aber ich konnte den Menschen wenigstens ein klein wenig Hoffnung geben." Der Dichter springt erregt auf:

„Die Welt hat weggeschaut! Wir verbündeten Deutschen wurden zum Schweigen verpflichtet. Das türkische Militär konnte ungestört morden! Es war unerträglich! Mein heimlicher dringender Appell an den Präsidenten von Nordamerika wurde nie beantwortet. – Und Sie, Herr Pastor Lepsius, haben wohl Ihre ganze Kraft für die Rettung der Armenier eingesetzt, aber…"

„Ja, ich konnte die bestialische Tötungsmaschinerie nicht anhalten, wurde behindert, wenn ich in Deutschland darüber berichten wollte. Schließlich wurde ich zur ,Persona non grata', und das in meinem Vaterland, dem ich gerne diene. Meine engsten Freunde und Mitarbeiter ließen mich im Stich und gingen den bequemeren Weg." Johannes Lepsius' Stimme klingt heiser. Betroffenes Schweigen breitet sich aus.

„… weil du dem Impuls deines Herzens kompromisslos gehorcht hast", ergänzt sein Freund, der armenische Botschafter in Berlin, Dr. James Greenfield.

„Es war für mich das Gebot der Stunde", erzählt Lepsius, „aber ich fühlte mich wie ein kleiner Bogenschütze, der einen Panzer angreifen will!"

„Ihr Bericht hat den Prozessverlauf entscheidend beeinflusst", fasst Dr. Störmer das Erlebte noch einmal zusammen. „Mit schlichter Souveränität haben Sie die Fakten in allen wichtigen Einzelheiten auf den Tisch gelegt. Es war nicht zu überhören, wie stark Ihr Herz für dieses Volk schlägt. Wann und wo hat das eigentlich begonnen?"

„Ganz genau kann ich Ihnen das nicht sagen. Gewiss, es gab schon bei meinem Vater Berührungspunkte mit Armeniern – und meinen Vater habe ich sehr verehrt, aber mehr noch hat mich wohl meine erste Dienststelle in Jerusalem geprägt."

„Jerusalem?"

„Dieser Mann ist ein Glücksfall"

Jerusalem 1884–1886

Im Oktober 1884, pünktlich zum Laubhüttenfest, war der junge Johannes Lepsius im Hafen von Haifa angekommen. Die lange Überfahrt hatte ihm gutgetan, denn er brauchte Zeit, um die letzten Ereignisse in Berlin zu verarbeiten. Zu widersprüchlich waren seine Gefühle bei der Abreise gewesen, ja, zerrissen hätten sie ihn, wenn da nicht sein Bruder Reinhold ihm versprochen hätte, sich um ihre Mutter zu kümmern. Elisabeth Lepsius, seine geliebte Mutter, einst eine tatkräftige und geistig rege Frau, war in Schwermut versunken und in einer Pflegeanstalt untergebracht. Sein berühmter Vater und persönlicher Wegbegleiter, der Ägyptologe Professor Carl Richard Lepsius, lebte nicht mehr. Das Elternhaus, die in Berlin allseits bekannte „Casa Lepsia", hatte sich aufgelöst. Hier waren viele namhafte Persönlichkeiten aus Politik, Kultur und Kirche ein und aus gegangen.

Als Johannes jetzt an Land ging, spürte er, dass die Lasten des Abschieds leichter wurden, dass die neue, bunte Welt ihm freundlich entgegenkam. Die Grübelei machte einer gesunden Neugierde und gespannter Erwartung Platz.

Die Herbstzeit war in Jerusalem die fröhlichste aller Jahreszeiten, wenn die Bewohner ihre heißen Häuser verließen und nur mit dem Nötigsten ausgerüstet in die Zelte und Laubhütten einzogen, die üppig blühende Natur genossen und die sonnengereiften Früchte ernteten. Sie tanzten und sangen und erinnerten sich der Zeiten, als das Volk Israel unterwegs war und in Zelten wohnen musste.

Welch eine wunderbare Möglichkeit, im Heiligen Land leben zu dürfen – zu arbeiten und zu lernen, Weltgeschichte zu atmen, Begegnungen mit Menschen aus vieler Herren Länder zu haben, auf den Spuren Jesu zu gehen, dachte Johannes.

Die kleine deutsche Gemeinde, die sich in der Jerusalemer Muristankapelle versammelte, war gespannt auf ihren jungen Hilfsprediger. Bisher hatte sie sich mit Gastpredigern begnügen müssen. Ein paar Familien hatten sich von der großen Templergemeinschaft in Haifa abgesondert und waren Protestanten geworden, nun wollten sie in Jerusalem ihre eigene Kirche haben, in der sich ihr Gemeindeleben ungehindert entfalten sollte.

„Dieser junge Mann ist ein Glücksfall, sage ich Ihnen. Einen Besseren hätte uns Hofprediger Kögel nicht schicken können!" Pastor Johannes Zeller, Leiter einer protestantisch-arabischen Gemeinde und Leiter der deutschen Schule, legte die Personalakte behutsam ab und wandte sich Johann Ludwig Schneller zu. „Er hat ein sicheres und dabei bescheidenes Auftreten, einen wachen Blick, eine enorme Intelligenz und vielfältige Gaben. Er hat mehrere Fächer studiert, Theologie zuerst, dann Philosophie. Danach versuchte er es mit Mathematik, Literatur- und Theaterwissenschaft. Schließlich kehrte er zur Theologie zurück. Ich fragte ihn nach dem Grund. Er sprach von einem gewissen ‚Gotteshunger', der in ihm stark geworden sei, alles andere habe ihn nicht wirklich berührt, wenngleich es auch höchst interessant gewesen sei. Er habe nie einen Beruf gesucht, sondern seine Berufung erkennen wollen."

Johann Ludwig Schneller war skeptisch. „Ein Mann, der so vieles anfängt und wieder verwirft, ist er brauchbar?"

„Lernen Sie ihn kennen, Kollege Schneller! – Ach, und noch etwas!" Pastor Zeller schmunzelte: „Lepsius fragte mich beiläufig, ob es denn bei uns ein anständiges Klavier gebe. Da musste ich lachen. ‚Nein', sagte ich, ‚es gibt wohl Klaviere, aber ein anständiges ist nicht dabei. Sie verstimmen unter den starken Temperaturschwankungen ständig.' Da meinte er: ‚Nun, dann muss ich wohl lernen, Klaviere zu stimmen. Ich kann mir nicht vorstellen, ein verstimmtes Klavier zu spielen, ohne selbst zu verstimmen.'"

„Das war ein klares Wort, der Mann muss gut mit Arbeit versorgt werden!"

Vater Schneller, wie der allseits bekannte Patriarch und Gründer des „Syrischen Waisenhauses" genannt wurde, sollte sich geirrt haben. Es war nicht nötig, den jungen Mann anzuweisen. Der Hilfsprediger und Lehrer ging mit wachen Augen an seine Arbeit und entwickelte einen enormen Eifer. Seine Predigten packten die Zuhörer, und für die Schule setzte er sich engagiert ein. Es war ihm aber auch recht, dass die Gemeinde klein war und ihm nebenbei Zeit für Studien und Reisen im biblischen Land ermöglichte. Er würde keinen Tag, keine Stunde verschenken!

Johannes Lepsius fand bald gute Freunde – Friedrich Zeller und Ludwig Schneller. Ihre Familien waren durch ihren langjährigen Missionsdienst in Palästina fest verwurzelt. Die beiden kannten sich in Jerusalem und Umgebung aus wie in ihrer Westentasche.

Es dauerte nicht lange, bis Ludwig Schneller den jungen Vikar in den Vorstand des „Syrischen Waisenhauses" berief, wo Johannes eine vorbildlich gestaltete Erziehungs- und Bildungsarbeit kennenlernte. Er ging bei Schnellers wie im eigenen Elternhaus aus und ein. Die beiden Söhne Theodor und Ludwig teilten seine theologischen Interessen. Besonders Ludwig, der seit Kurzem Pastor einer protestantisch-arabischen Gemeinde in Bethlehem war, vermittelte ihm biblisches Wissen, das er sich an keiner Universität und aus keinem Lehrbuch hätte aneignen können. Ludwig sagte: „Es gibt nicht vier, sondern fünf Evangelien, das fünfte ist unser Palästina mit seinen Städten,

Menschen und seiner Landschaft. Wenn du das Land kennst, dann wirst du die Bibel und das Leben Jesu noch besser verstehen!"

„Ich habe nur drei Jahre Zeit, um es kennenzulernen, Ludwig, reicht das?"

„Du wirst dich sputen müssen, es gibt viel zu entdecken, und wann immer ich kann, will ich dich begleiten."

Die beiden fingen im Herzen von Jerusalem das Studium des „fünften Evangeliums" an.

Der Tempelplatz mit der weiten, viereckigen Terrasse, die Salomo vor dreitausend Jahren angelegt hat, zog die beiden immer wieder an. Nun hatten sie den Felsendom betreten, ein muslimisches Gebetshaus von vollendeter Schönheit. Es stand genau an dem Platz, wo sich früher der Tempel befunden hatte.

„Siehst du das blaue Band mit den kunstvollen goldenen Schriftzeichen oben an der Decke?"

„Ja, das ist eine faszinierende Schrift – kannst du sie lesen?"

„Es ist eine alte kufische Inschrift, sie enthält Koranverse, die indirekt die Gottessohnschaft Jesu leugnen. Es handelt sich um die Sure 112,1-4:

,Sprich: Er ist der eine Gott,
der ewige Gott;
Er zeugt nicht und wird nicht gezeugt,
und keiner ist Ihm gleich.'

Nicht weit von dieser Stelle hatte Jesus seinerzeit vor den Obersten seines Volkes gestanden, und der Hohepriester war in ihn gedrungen mit den Worten: ,Ich beschwöre dich bei dem lebendigen Gott, dass du uns sagst, ob du Christus, der Sohn Gottes bist.'"

„An dieser Frage scheiden sich die Geister bis heute!"

Ludwig nickte: „Und eine Lösung ist nicht in Sicht. Eine tiefe religiöse Kluft prägt unser Verhältnis zueinander."

„Es fehlt so etwas wie ein gemeinsames Ringen um die Wahrheit. Ich meine, daran zu arbeiten, sei lohnenswert. Es gibt bis jetzt keine Bildungsstätte für Theologen, die das erkannt haben … Aber jetzt habe ich dich unterbrochen, Ludwig."

Die beiden schlenderten über den Tempelplatz.

„Der Platz ist heute so still, ganz anders als zur Zeit Jesu", fuhr Ludwig fort. „Hier spielte sich das gesamte öffentliche Leben ab. Es gab Schulen, Gerichtshöfe, Ministerien, Akademien, und besonders zu den drei großen Festen wimmelte es von Menschen. Die Gläubigen begrüßten einander, indem sie Lieder sangen. In den Händen hielten sie Palmzweige. Gesänge vom Morgen bis zum Abend erfüllten die Luft, begleitet vom Klang der Pauken und Zimbeln, der Klarinetten und Harfen. Aus aller Herren Länder kamen die Pilger, um Gott anzubeten und die heiligen Stätten zu berühren."

„Und wie muss ich mir den Tempel vorstellen?"

„Der geschlossene Tempelraum selbst war nicht größer als eine Dorfkirche."

„Er war ja auch nur für die Priester bestimmt."

„Das Volk versammelte sich in den riesigen Säulenhallen ringsum. Sie schützten die Pilger des Laubhüttenfestes vor der Sonne, und im Dezember, zum Purimfest, vor dem starken Regen."

„Zur Lebenszeit Jesu muss der Tempelkomplex einen überwältigenden Eindruck gemacht haben." Johannes schaute sich staunend um.

„Ja, der Tempel war aus weißem Marmor erbaut und mit goldenen Platten bedeckt." Ludwig kam ins Schwärmen: „Und stell dir vor, die Sonne ging auf und beschien das Prachtgebäude! Es glänzte so stark, dass die Augen geblendet wurden. Die

Nächte waren noch faszinierender. Da konnte man den Blick nicht abwenden von dem Zauber der Lichter und Fackeln, die mit Einbruch der Dunkelheit angesteckt wurden. Weit über das Land schimmerte der Lichterglanz des Tempelbergs."

„Man könnte meinen, du wärst dabei gewesen, Ludwig!"

Ludwig Schneller war nicht zu bremsen, wenn er das „fünfte Evangelium" vermitteln konnte: „Und Jesus war mittendrin, in diesem bunten Treiben."

„Der Tempel war eben sein geistliches Zuhause."

„Ja, und hier erlebte er die Verehrung des Volkes und die Anfeindungen und Verschwörungen der Obersten – die Feste waren für ihn kein Vergnügen … Sie waren Brennpunkte oder Wendepunkte des Volkes in seinem Verhältnis zu dem Propheten aus Nazareth, der so dreist war, sich Gottes Sohn zu nennen."

Ludwig zeigte dem wissbegierigen Johannes mehr und mehr von Palästina. Es war für Johannes tatsächlich, als würde er vier weitere Theologiesemester studieren. Wenn man die Landschaft kannte, verstand man, warum die Bibel voll von Naturbeispielen war. Wer die Lilienfelder Palästinas einmal gesehen hatte, wie sie leuchtend rot ganze Abhänge bedeckten, der verstand, dass Jesus sie als Beispiel heranzog, um die Menschen zu überzeugen, dass Gott sie versorgen wollte.

Wer die Beduinen im Umgang mit ihren Herden beobachtete, begriff, warum Jesus in seinen Gleichnissen immer wieder die Schafe und die Hirten zum Thema machte. Das konnten die Menschen gut aufnehmen. Darüber hinaus spielten die alltäglichen und alljährlichen Naturereignisse in der Bibel eine große Rolle: Der Spätregen, der Frühregen, die Winde von Ost und West und Süd, die Sonnenaufgänge, das Wasser, die Wüste. Dieses Land ließ die beiden jungen Männer die Natur erleben wie kein zweites. Man lebte dort viel intensiver – in diesem wunderbaren Land.

Friedrich Zeller dagegen machte Johannes besonders mit der Stadt Nazareth bekannt. Dort war Friedrich geboren und aufgewachsen, kannte jeden Stein, war mit den Gepflogenheiten der Gegend bestens vertraut.

Nein, der junge Hilfsprediger Johannes Lepsius bereute es nicht, den Sprung nach Palästina gewagt zu haben. Im Gegenteil, Jerusalem bekam für sein Leben eine besondere Bedeutung. Aber das hing nicht nur mit dieser faszinierenden Welt zusammen, es hatte noch einen anderen, einen besonderen Grund!

Große, verträumte Augen

Mit Vorliebe unternahm der junge Theologe seine Streifzüge zum Basar, nicht, um zu kaufen, sondern um interessante Menschen zu treffen. Dort rumpelten die Händler mit ihren selbst gebauten Karren über das Kopfsteinpflaster und riefen ihre Waren aus. Eselskarren bahnten sich den Weg durch die Enge. Sie hatten sonnengereiftes Obst und Gemüse geladen. Ein Schlangenbeschwörer saß vor seinem Korb und lockte mit betörenden Tönen eine Kobra hervor. Im Schatten der hohen Hauswände, zwischen Obstständen, Kunsthandwerk und lebendem Kleinvieh, saßen die Männer, die ihn interessierten: Juden, Griechen, Armenier, Araber und Syrer – und es war, als hätten sie auf ihn gewartet!

An diesem Tag blieb er staunend vor einer Ausstellung kunstvoller Tonkrüge stehen und studierte das Firmenschild des kleinen Ladens. „Krikorian" las er, und während er noch nachdachte, begrüßte ihn der Ladenbesitzer und lud ihn zu einem Glas Tee ein.

„Ihr Name klingt armenisch!"

Der Mann nickte erfreut und begann eifrig zu erzählen, von

seiner Heimat Urfa, seiner großen Familie und dem tragischen Schicksal seines Volkes. Schließlich verkündete er mit leuchtenden Augen: „Meine Tochter Tuma heiratet am kommenden Montag. Ihr Bräutigam Hagob kommt aus Urfa. Er ist der Sohn meines Cousins. Die Trauung ist am Nachmittag um fünf Uhr in der Jakobus-Kathedrale. Sie sind auch herzlich eingeladen!"

Als Johannes dieser Aufforderung folgte, hatte sich vor der alten Kirche ein farbenfrohes Völkchen eingefunden. Man begrüßte einander laut und herzlich, feierte ein frohes Wiedersehen mit guten Bekannten und Verwandten. Dann stieg man die Stufen zu St. Jakobus hinunter. Stille umfing die Eingetretenen in dem riesigen, dunklen Raum. Das Auge brauchte eine Weile, um sich zu orientieren.

Johannes machte es den Hochzeitsgästen nach, nahm sich eine Kerze, entzündete sie und suchte sich einen Platz auf der Männerseite. Dort steckte er das Licht in die Halterung.

Unter den Gästen, die nach und nach die Kirche füllten, entdeckte er ein bekanntes Gesicht. War das nicht Friedrichs Schwester? In ihrem Elternhaus hatte er sie, die vor Kurzem aus London heimgekehrt war, noch nicht angetroffen, aber in seinen Gottesdiensten war sie neulich aufgetaucht und nachher schnell verschwunden. Sie fiel auf mit den großen, verträumten Augen im schmalen, ernsten Gesicht und dem gescheitelten und hochgesteckten kastanienbraunen Haar. Was machte sie hier in der armenischen Gemeinschaft?

Das Brautpaar war inzwischen aus einer blumengeschmückten Kutsche ausgestiegen und betrat den festlich beleuchteten Raum. Der Bischof reichte den beiden die Kerzen und begleitete sie zum Altar. Die beiden Familien folgten im Zug und stellten sich in zwei Gruppen auf.

Nun verlas der Priester mit monotoner Stimme einen Text, der sie wohl an ihre Pflichten als Ehepaar erinnern sollte.

Dann wandte er sich an die Brautleute, die auf seine Fragen ihr Jawort gaben. Der Geistliche legte ihre Hände ineinander, die beiden wandten sich einander zu und neigten ihre Köpfe zueinander, ein Trauzeuge stellte sich hinter sie, dem Priester gegenüber, sodass die vier Personen ein lebendiges Kreuz bildeten. Er hielt ein Kreuz hoch über die Köpfe des Brautpaares, und nun verlas der Bischof einige Bibelstellen und hielt eine kurze Ansprache.

Johannes verstand die Worte des Gottesdienstes zwar nicht, aber er fühlte sich mit diesen Menschen stark verbunden, die eine uralte Tradition christlichen Lebens praktizierten. Er schaute sich um: Leute mit dunklen Augen, markanten Gesichtszügen, pechschwarzem Haar verfolgten aufmerksam das Trauungsritual. Schließlich reichte der Geistliche dem Brautpaar die Hostie und den Kelch, segnete es und geleitete es zur Tür. Die Gäste strömten hinterher, hinaus aus dem kühlen, dunklen Gemäuer, hinein ins Abendleuchten der tief stehenden Sonne, die eine wohltuende Wärme verbreitete.

„Pastor Lepsius?" Der Brautvater hatte Johannes entdeckt, der sich suchend umschaute. Der Armenier begrüßte ihn mit überschwänglicher Freude. „Es ist mir eine große Ehre, Sie hier willkommen zu heißen. Ich möchte Sie meiner Familie vorstellen!" Er hielt seine Hand fest, um zu verhindern, dass sie sich im Gedränge verloren, und führte ihn direkt zum Brautpaar, das viele Hände gleichzeitig schütteln musste.

Die Braut war unter den drei Schleiern kaum zu erkennen. Ihr prächtiges Kleid leuchtete in vielen bunten Farbtönen. Mit Bordüren, Rüschen, Tüll, Samt und Seide ausgestaltet, war es eine Augenweide, liebevoll gefertigt von den Frauen der Sippe für diesen großen Tag. Darauf prangte der edle Schmuck, die großzügige Hochzeitsgabe der Familie an die Tochter, eine materielle Vorsorge gegen Not oder Armut: eine goldene Kette, eine kleinere aus Edelsteinen, Armbänder, Ohrringe sowie an den Händen kostbare Ringe.

Der Bräutigam nahm sich daneben viel bescheidener aus. Er trug eine Kopfbedeckung aus rotem Filz und über einem langen seidenen Gewand mit breiter Schärpe ein Jackett aus grauem Tuch. Der eigentliche Schmuck eines armenischen Mannes war, dass er tüchtig und ehrlich war und eine Familie ernähren konnte.

Hier, im Kreis um das gefeierte Paar, standen sie sich plötzlich gegenüber. Margarethe nickte dem jungen Vikar freundlich zu; sie schien erstaunt zu sein, ihn hier zu treffen. Johannes trat auf sie zu. „Fräulein Zeller?" Die junge Frau musste hinaufschauen. Wäre der stattliche Mann ein Orientale gewesen, hätte sie die Augen niedergeschlagen. Sie wusste gut zu unterscheiden.

„Was führt Sie in die armenische Kirche?", fragte er.

„Die Braut ist meine Freundin. Wir sind zusammen zur Schule gegangen, und von ihr lerne ich das Knüpfen und Weben."

Nun drängte sich der Brautvater zwischen die beiden. „Kommen Sie mit mir", und er bahnte ihnen den Weg zum Brautpaar.

Die Hochzeit hatte insgesamt acht Tage gedauert. Langsam kehrte der Alltag in Tumas Leben ein. Heute saß sie wieder neben Margarethe auf der Webstuhlbank. Es gab so viel zu erzählen!

„Wo habt ihr euch eigentlich kennengelernt, Tuma?"

Tuma musste lächeln. „Sei nicht schockiert, Maggie, aber wir sind einander seit unserer Geburt durch unsere Eltern versprochen. Bei uns Armeniern ist das so, aber glaube bitte nicht, wir würden uns deshalb unwohl fühlen. Wir vertrauen unseren Familien, dass sie das Beste für uns tun. Außerdem geben sie uns auch Gelegenheiten, uns kennenzulernen. Wenn dabei keine Sympathie entsteht, würden sie uns niemals zwingen. Irgendwann ist es dann so weit. Hagobs Familie meldete vor zwei Jahren ihren Besuch bei uns an. Das war die deutliche Ankündigung für den endgültigen Heiratsantrag. Meine Eltern fragten mich, ob ich bereit sei, Hagob und seine Familie bei ihrem Besuch zu bedienen. Ich wusste, was das bedeutete, und sagte Ja. Damit war alles klar."

„Und wenn du nicht gewollt hättest?"

„Dann wären sie trotzdem willkommen gewesen, und ich hätte mich davongemacht. Meine Eltern hätten sich für meine Abwesenheit entschuldigt, das ist das Ritual für ‚Nein'. Die Familien bleiben auf diese höfliche Weise einander trotzdem verbunden und orientieren sich in Sachen Heirat neu. Ehrlich gesagt, Maggie, eure Art, den Partner zu suchen, finde ich viel aufregender." Tuma begann zu kichern und rückte ganz nahe an Margarethe heran. „Übrigens: Weißt du, was ich gedacht habe, als du zusammen mit eurem Pastor zum Gratulieren kamst? Ich dachte, du wolltest mich mit einer gewissen Neuigkeit überraschen, ihr saht aus wie ein Paar, und ich dachte: ‚Da hat Maggie aber gut schweigen können! Sonst hat sie mir immer alles erzählt!'"

Margarethe war empört. „Was fantasierst du dir da zusammen, Tuma! Reiner Zufall war das!"

„Zufall? Sonst sagst du immer, Zufälle gibt es nicht!"

„Dies war aber einer!", beharrte Maggie. „Wir haben an eurem Hochzeitstag überhaupt das erste Mal miteinander gesprochen, nur zwei Sätze!"

„Schade, es wäre zu schön gewesen, ihr wart ein erfreulicher Anblick, Maggie."

Margarethe ließ verärgert das Weberschiffchen laut hin- und

herfahren – klack, klack, und energischer als sonst zog sie den Kamm nach vorne – wumm!

„Bist du jetzt böse auf mich?"

Maggie ließ die Hände sinken. „Tuma, ich weiß, dass du mir nur das Allerbeste wünschst, aber bitte versteh, dass ich mich in Sachen Heirat von niemandem auf der Welt beraten oder beeinflussen lasse – da höre ich nur auf mein Herz. Es ist bei uns eben anders als bei euch."

„Glaubst du etwa jetzt, dass wir im Mittelalter leben?"

„Ach Tuma!"

Warum habe ich eigentlich so heftig reagiert?, fragte sich Margarethe auf dem Heimweg. Irgendetwas ist zwischen mir und diesem Johannes Lepsius, wenn ich ehrlich bin. Zu Hause nehme ich Reißaus, wenn er zu Friedrich kommt. Nach den Gottesdiensten laufe ich weg, habe immer eine andere Begründung, und als er plötzlich vor mir stand, war ich glücklich. Sie erschrak. Ob man das in meinen Augen sehen konnte? O weh, dann hätte Tuma sogar recht – aber nur ein bisschen!

Kamelritt mit Folgen

Die kühle Jahreszeit begann in Palästina etwa zu Weihnachten und brachte jedes Mal den wunderbaren Regen. Sofort lebte die Natur auf und bedankte sich mit einer reichen Farbpalette blühender Schönheiten. Die leuchtend rote Lilie bedeckte ganze Felder mit ihrer wogenden Pracht; zuvor waren die Krokusse alle auf einmal aufgeblüht, dann verbreiteten die Narzissen ihren besonderen Duft und ganze Regimenter rosig angehauchter Alpenveilchen marschierten auf.

Die Feigen setzten an, ihre Knospen schwollen, das Weinlaub wurde grün. Die Hirten fanden für ihre Schafe selbst in der Wüste Juda reichlich Nahrung, Riesenherden wurden satt. Dies war die Zeit, um die Natur zu bestaunen. Und weil die Sonne ihre sengenden Strahlen vorübergehend zurückgenommen hatte, bekamen die Menschen Lust aufs Reisen.

Friedrich Zeller wollte noch einmal nach Jericho und ans Tote Meer, bevor er endgültig nach Deutschland übersiedeln würde.

„Kommst du auch mit, Maggie? Zu einer Schneller-Zeller-Partie?"

Maggie traute ihren Ohren nicht. Früher hatten die heranwachsenden Söhne der eng befreundeten Familien sie bei solchen Anlässen ausgeschlossen. Ihr Bruder war in letzter Zeit merkwürdig verändert, so zuvorkommend!

„Es ist mein Abschied von hier, bevor ich in Deutschland bleibe, da gehören meine Geschwister mit dazu", erklärte er.

Maggie war Feuer und Flamme. Dass auch Johannes mitkommen würde, hatte der kluge Friedrich seiner Schwester wohlweislich verschwiegen. Nun war der junge Hilfsprediger plötzlich als Ehrengast dabei, und es war nicht möglich, zu Tuma zu fliehen. Maggie strafte ihren Bruder mit einem frostigen Blick und erntete im Gegenzug ein zufriedenes Grinsen.

„Seid euch im Klaren, dass wir auf einer geschichtsträchtigen Straße reisen!" Ludwig Schneller war glücklich, von einem interessierten Publikum umgeben zu sein. „Auf dieser Straße zogen die Pilger nach Jerusalem. David flüchtete hier vor Absalom, und Jesus ließ sein Gleichnis vom barmherzigen Samariter mit gutem Grund in dieser Gegend spielen – sie ist bis heute gefährlich, wegen raublustiger Beduinen. Der König Zedekia floh hier nachts vor dem stolzen babylonischen Sieger, dem er dann aber in Jericho doch noch in die Hände fiel."

Ludwig hätte stundenlang weitererzählen können, aber er wurde plötzlich durch das „Oh" und „Ah" seiner Freunde unterbrochen. Tief unter ihnen lag die Ebene von Jericho, wie eine große Gartenanlage Gottes.

„Siehst du das dunkle Band am Horizont? Das ist der Jordan, besser gesagt: die Bäume an seinem Ufer. Und ganz rechts kannst du sogar das Tote Meer sehen, diesen kleinen, dunklen Fleck!"

„Und das Gebäude mit den hohen Bögen in der Mitte?"

„Das ist der Aquädukt von Jericho. Und dahinter in der Ferne sieht man die bunt leuchtenden Moabiterberge."

„Es ist traumhaft schön!" Maggies Verärgerung war angesichts der malerischen Landschaft verflogen, ihre Gesichtszüge hatten sich entspannt.

„Komm erst mal in die Oase, Maggie, da geht dir das Herz auf!"

„Ich kann mich nicht mehr gut ans Tote Meer erinnern, zuletzt war ich mit zehn Jahren dort. Ich weiß nur noch, dass wir ein Kamel reiten durften."

„Du warst lange fort von hier, Maggie, wie hast du das ausgehalten?"

„Oh, ich habe oft Heimweh gehabt, wirklich! Im Internat in der Schweiz war alles so steif und geregelt. Später, bei unserem Onkel Benoni Gobat in London ging es lockerer zu, aber die Schule hat mir wenig Zeit zum Träumen gelassen."

Johannes hatte sich immer wieder gewünscht, das Geheimnis dieser schönen, kleinen, ernsten Person zu entschlüsseln. Was mochte sich hinter ihrer Stirn abspielen? Ihre großen Augen waren irgendwo in weiter Ferne, abwesend. Sie schien in ihrer eigenen Gedankenwelt gefangen zu sein. Hatte denn irgendjemand einen Zugang zu ihr?

Johannes hörte Ludwigs Erklärungen nur mit halbem Ohr. „Jericho war eine sehr prächtige Stadt, und sie galt als uneinnehmbar. Es kostete einiges, um die Mauern zu Fall zu bringen, viel List, Anstrengung und Geduld."

Geduld habe ich kaum, und listig bin ich auch nicht übermäßig, aber anstrengen kann ich mich, dachte Johannes und wandte sich wieder dem Freund und Fremdenführer zu.

Sie hatten Quartier in einem russischen Hospiz genommen, einem stattlichen Haus mit hohen Räumen und einer Dachterrasse, die einen weiten Blick über die Landschaft erlaubte.

Strahlend war die Sonne aufgegangen, wie ein Meer von Diamanten blitzte der Tau in den Gräsern und Zweigen ringsum. Das Tote Meer lag ruhig da, metallen glänzend wie matt poliertes Silber, umkränzt von den Bergen Moab, über denen sich die Sonne wie ein glänzendes Diadem spannte. Weiter südlich ragten die Vorgebirge von Judäa in den tiefblauen Salzsee hinein, bis das letzte sich am fernen Horizont im Nebel verlor.

„Heute sollten wir einen kleinen Ausritt machen! Man kann hier Pferde und Kamele mieten."

„Kamele!" Maggie war fasziniert aufgesprungen. Ihr schmales Gesicht bekam Farbe und Leben. Ihre Augen sprühten.

„Ein Pferd wäre mir lieber", sagte Theodor Schneller, Ludwigs Bruder. „Das ist berechenbarer." Die andern schauten abwartend in die Runde.

„Was denkst du, Johannes?"

„Ich denke, es wäre nicht falsch, einmal auf einem Kamelrücken zu sitzen, das habe ich nicht alle Tage – und Maggies Begeisterung macht mich neugierig."

Wenig später zog die kleine Karawane los, Maggie und Johannes auf Kamelen, die übrigen auf Pferden – es ging in Richtung Süden, dem Toten Meer entgegen.

Langsam wurde es wärmer. Auch die Wintersonne konnte es in sich haben. Der Durst meldete sich. „Hier ist eine gute Stelle zum Rasten", rief Ludwig, nachdem sie eine Weile geritten waren.

Die Kameltreiber gaben den Tieren das Zeichen zum Sitzen. Maggie kannte sich aus und stützte sich gut ab, als ihr Reittier ruckartig auf die Vorderknie ging. Johannes war nicht eingeweiht. Er flog im hohen Bogen kopfüber durch die Luft – aber der Beduine hatte es kommen sehen und war zur Stelle. Geschickt half er mit einem festen Handgriff, sodass der junge Mann elegant auf seinen Füßen landete.

Maggie schüttelte sich vor Lachen: zuerst dieser perfekte Salto, dann das verdutzte Gesicht eines sonst so souveränen Mannes! Johannes schien noch nicht begriffen zu haben, wie das alles so blitzschnell passieren konnte – und Maggie lachte, lachte, was Johannes zusätzlich irritierte.

Später, als sie sich zu Fuß durch das urwaldartige Gebüsch am Jordan arbeiteten, hatte Maggie das Gefühl, sich entschuldigen zu müssen. „Johannes, ich wollte dich nicht auslachen", begann sie, „aber die Situation war so urkomisch, du hättest dein Gesicht sehen sollen!"

„Und wie sah das aus?"

„Nun, eben ganz anders als sonst. Wie soll ich das beschreiben? Also, wie jemand, der immer unfehlbar scheint und auf einmal verblüfft und verdattert dreinschaut. Aber es war nur für einen kleinen Moment."

Johannes war sprachlos. Nun hatte dieses bezaubernde Geschöpf endlich den Kontakt zu ihm aufgenommen, und schon musste er sich über Maggie ärgern. Eine Weile brauchte er, um das Gehörte zu verdauen, während die Gruppe sich einen Pfad durch das Uferdickicht bahnte. Hohe Tamarisken mit ihrem dunklen Grün, Silberpappeln, Weiden, Terebinthen, Dompalmen und Föhren drängten sich auf engem Raum und schlangen ihre Zweige ineinander.

Johannes war verwirrt. Maggies Augen schienen wohl etwas gesehen zu haben, was nicht existierte, oder? Endlich konnte er sich äußern. „Ich verstehe noch nicht richtig, was du meinst, Maggie, aber wenn ich ehrlich bin, dann muss ich zugeben, dass mir unberechenbare Momente nicht lieb sind."

„Das glaube ich dir gerne."

„Obwohl ich mir meistens sehr gut selbst helfen kann, wirklich!"

„Diesmal musste jemand nachhelfen, oder du wärst auf der Nase gelandet."

„Nachhilfe ist eine seltene Erfahrung in meinem Leben."

„Wirklich?"

Schweigend arbeiteten sich die beiden weiter durchs Gebüsch, die andern waren schon etwas weiter vorne und meldeten: „Der Jordan!"

Sie hat mir den Spiegel vorgehalten, und ich habe mich darin tatsächlich erkannt, dachte Johannes. Aber nun nahm er sein Herz in beide Hände: „Ich muss dir auch was sagen, Maggie!"

„Und?"

„Ich habe dich heute zum ersten Mal lachen hören – und es war wunderschön."

Maggie war glücklich, dass Johannes zu beschäftigt war, um zu bemerken, dass sie errötete. Dann hätte auch er sie ohne Maske gesehen – wie peinlich!

Die beiden traten aus dem Dickicht ans Jordanufer. Schwer und träge floss der gelblich-graue Fluss dahin.

„Hier ist die Stelle, an der man sich getrost von einem Ufer ans andere treiben lassen kann", erklärte Ludwig, „an anderen Stellen ist es aber lebensgefährlich. Etwas weiter oben finden die Taufen statt. Das ist ein Spektakel, wenn die Menschen in den Fluss steigen, wo die orthodoxen Priester schon bereitstehen, um sie ruck, zuck! unterzutauchen, dreimal hintereinander. Es wird erzählt, dass eine Deutsche aus Jerusalem nur baden wollte und dabei der Taufszene zu nahe kam. Der Priester schnappte sie, sie schrie: ‚Musch läsim' (‚Nicht nötig!'), er antwortete: ‚Läsim!' und tauchte sie dreimal unter Wasser."

„Ich bin auch mit Jordanwasser getauft", bekannte Johannes, „aber auf gut deutsche Art. Was schaut ihr mich so ungläubig an? Das ist wahr! Mein Vater hatte doch seine Beziehungen nach Palästina, da konnte er leicht an das Wasser kommen! Leider kann ich mich nicht an meinen Tauftag erinnern, aber meine Mutter hat einen Eintrag in ihr Tagebuch gemacht. Ich las ihn erst neulich, als die Wohnung aufgelöst wurde. Sie schrieb: ‚Möge das Kind seines Namens Johannes würdig werden.'

Meine Mutter hat mich sehr geliebt. Als Kind hatte ich manchmal das Gefühl, einen Extraplatz in ihrem Herzen zu haben. Wir beiden hatten allerdings auch Phasen des Streitens, besonders in der Studienzeit. Da war sie ganz entsetzt von meinen liberalen Ideen, aber sie hat mich ausgehalten."

„War sie eine fromme Frau?"

„Und ob! Jeden Morgen versammelte sie uns Kinder zu einer Hausandacht. Sie tat viel Gutes. Manchmal aber diente sie zu viel. Ich fürchte, sie hat sich selbst durch ihren hohen Anspruch krank gemacht."

Maggie hatte aufmerksam zugehört. „Aber hat sie nicht das Bibelwort ‚liebe deinen Nächsten wie dich selbst' einfach nur ernst genommen?"

Johannes dachte ein Weilchen nach. „Nein, ich glaube, sie hat es überhöht. Sie hat weitergearbeitet für andere, selbst wenn sie erschöpft war. Dann wird aus der biblischen Vorgabe eine Verzerrung: ‚Liebe deinen Nächsten mehr als dich selbst.'"

„Irgendwie ist mir das bekannt", sagte Theodor. „Unsere Mutter ist genauso. Mein Vater freut sich zwar über ihre umsichtige Mitarbeit, er ist auch darauf angewiesen, aber sie mutet sich viel zu viel zu! Das macht mir oft Sorgen. Sie hat so gute künstlerische Neigungen, schrieb gerne Gedichte, gestaltete

Blumengrüße. Dafür nimmt sie sich keine Zeit mehr – und sie wird immer rastloser. Ständig stehen Touristen und Gäste vor der Tür mit der Erwartung, bei uns zu logieren oder ein paar Stunden zu verbringen."

Friedrich nickte: „Das Bild passt auch auf Mutter Zeller, sie dient und dient ... und immer hat sie Schmerzen. Ich habe darüber mit Emma gesprochen. Sie vertritt aber die Meinung, dass es einer Pfarrfrau gut ansteht, sich im Dienst an der Seite des Mannes mit Leib und Seele einzusetzen. Ich freue mich natürlich über ihre Einstellung, aber wenn ich an unsere Mütter denke, dann kommen mir Zweifel, ob ich dem zustimmen kann. Ich will nicht, dass Emma sich übernimmt, wenn ich einmal im Pfarramt bin."

Maggie hatte aufmerksam zugehört. „Wenn man etwas von ganzem Herzen gerne tut, wie kann man dann etwas falsch machen?"

„Man kann sich überfordern!"

„Das wäre mir lieber, als mich zu schonen. Was hätte ich davon? Ich will leben mit allen Fasern meines Lebens! Leben und Hingabe haben etwas miteinander zu tun."

„Allerdings, wer sich hingibt, stirbt früher."

Johannes hatte den kleinen Disput der Geschwister aufmerksam verfolgt. Jetzt unterbrach er sie: „Franz von Assisi sagt: ‚Wer sich hingibt, der empfängt.' Das klingt zwar widersprüchlich, ist aber ein faszinierender Grundsatz, über den ich nicht genug nachdenken kann. Nicht die Lebenslänge scheint entscheidend zu sein, sondern ihre Tiefe, ihr sinnvoller Inhalt. Insofern möchte ich Maggie recht geben. Aber, um ehrlich zu sein: Ein langes Leben wäre mir auch lieb. Es ist so voller Geheimnisse, die ich gerne ergründen würde!"

Ludwig schmunzelte: „Vielleicht ist dir ja beides beschieden!" Zu Friedrich gewandt, fragte er: „Wie geht es deiner Emma eigentlich?"

„Oh, sie schreibt fleißig Briefe, wenn sie gerade mal keine Arien übt, und sie freut sich auf den Tag, an dem ich mein Examen in der Tasche habe – ein halbes Jahr noch, dann …"

„Dann?"

„Dann bauen wir uns das eigene Leben auf. Wir freuen uns darauf. Diese Trennungszeiten sind mehr als eine Zumutung – es wird Zeit, dass ich nach Deutschland zurückgehe!"

„Wann wirst du abreisen?"

„In genau siebzehn Tagen – und dann geht es direkt aufs Examen zu. Es tut gut, hier noch einmal tief durchzuatmen!"

Am Abend lagen Friedrich und Johannes in ihrem gemeinsamen Zimmer wach.

„Ich werde dich sehr vermissen, Friedrich."

„Ich dich auch, Johannes, wir hatten eine gute Zeit."

„Wir sollten versuchen, in Verbindung zu bleiben, nicht nur brieflich. Ich habe dir und deiner Familie genau wie der Familie Schneller so viel zu verdanken …"

„Woran denkst du? Die Gastfreundschaft ist bei uns in Palästina selbstverständlich."

„Nein, das ist es nicht nur, es ist viel mehr. Bei euch habe ich gelernt, dass der Glaube sich nicht im Kopf festsetzen darf, wenn er Kraft entfalten will. Die Theologie hilft uns zwar, die Welt zu verstehen, aber wenn sie die Welt nicht auch verändert, dann fehlt das Entscheidende. Bei euch habe ich diese verändernde und schöpferische Kraft erlebt – so wie sie auch im Leben Jesu sichtbar war."

„Wir leben in seiner Heimat, Johannes, und jeder Baum, jeder Stein, alles in der Natur erinnert uns täglich an sein Leben. Das Evangelium ist für uns das, was für andere die Tageszeitung ist – aber die Zeitung lesen wir natürlich auch!"

„Und es scheint, als würde euch diese Nähe zum Evangelium

viel Kraft und Mut geben, denn euer alltägliches Leben ist doch wirklich mühsam!"

„Das stimmt wohl, aber Jesus hat doch auch gesagt: ‚Ohne mich könnt ihr nichts tun.'"

Eine Weile war es ganz still. War Johannes eingeschlafen? Nein, er räusperte sich. „Übrigens", sagte er leise, „der Bann ist gebrochen, Friedrich."

„Ich weiß, Johannes, es war deutlich zu sehen. Nun kann ich unbesorgt wieder nach Deutschland abreisen."

„Maggie ist eine wunderbare Frau!"

„Ich weiß, Johannes, sie ist ja auch meine Schwester! Ich habe mein Schwesterchen immer sehr geliebt. Als ich mit acht Jahren die Masern hatte, wollten meine Eltern Maggie schützen und schirmten sie hermetisch von mir ab. Du weißt, die Masern sind besonders hier im Orient für kleine Kinder gefährlich. In einem unbeobachteten Moment öffnete ich das Fenster meines Krankenzimmers, vor dem sie spielte, lehnte mich weit hinaus und gab ihr einen Kuss. Was danach geschah, darfst du raten."

„Sicher bekam sie die Masern!"

„Der eine wird vom Küssen krank, der andere gesund", lachte Friedrich.

Aus der anderen Ecke kam ein tiefer Seufzer. „Wie sage ich es deinen Eltern?"

„Sie ahnen es bereits, mach dir keine Sorgen, du hast ihr Vertrauen. So, und nun wird geschlafen, mein Lieber."

Unter uralten Ölbäumen

Ein Glück kommt selten allein. Gerade war die große Tochter endlich nach Hause zurückgekehrt, da eroberte jemand ihr Herz. Maggies Mutter, Hannah Zeller, sagte sich, sie durfte nicht unzufrieden sein – er war anständig, fromm und aus bestem Hause. Außerdem war er gewandt, sehr gebildet, ein trefflicher Musiker und ein prächtiger Sänger! War das etwa kein Glück?

Aber dieser Mann läutete einen neuen Abschied ein, und Abschiede hatte Hannah Zeller satt. Zu oft blieb sie verlassen zurück, wenn ihre Lieben sich davonmachten. Johannes, ihr Mann, war oft auf gefährlichen Wegen unterwegs. Europäer fürchteten die tückischen Raubüberfälle der Beduinen. Friedrich war erst neun gewesen, als er in die Schweiz gegangen war – wegen der Schulausbildung, Maggie fünfzehn, und dann waren die kleinen Geschwister in kurzen Abständen gefolgt. Ach, und die beiden, Kornelia und Alfred, die so jung dahingestorben waren! Schließlich hatte Hanna Zeller auch von ihrem geliebten Vater, Bischof Gobat, Abschied nehmen müssen. Nein, sie wollte diese barbarischen Abschiede nicht mehr! Gerne kam sie ihren Pflichten an der Seite ihres Mannes nach, doch die Trennungen von den Kindern empfand sie als großes Opfer und als Zumutung.

Aber dann wurde sie auch wieder froh, wenn sie das Glück der jungen Leute sah, wie sie miteinander redeten, lachten und ihre Zukunft planten.

Johannes zog es mit Macht auf den Zionsberg. Als Freund von Friedrich kannte er sich hier schon gut aus, aber nun schlug sein Herz schneller, wenn er den schmalen Kiesweg durchs Torhäuschen entlangging, an den Weinreben und Blumenrabatten vorbei, bis er am Ende des schlauchförmigen Gartens vor dem Wohnhaus der Zellers stand. Dicht am Haus breiteten zartblättrige Pfefferbäume die Äste aus und reckten sich hoch bis fast in die oberen Fenster.

Eine hohe, schlanke Zypresse wiegte sich im Wind. Granatapfel-, Mandel- und Feigenbäumchen blühten um die Wette, und das Goldregengebüsch leuchtete ihm freundlich entgegen. Erst jetzt, wo ihm klar wurde, dass er sich auf dem Terrain seiner zukünftigen Familie bewegte, nahm er die Schönheit des Ortes wahr.

Oben im großen Wohnzimmer ließ es sich mit Maggie gut plaudern. Da stand ein riesiger Lehnsessel, auch ein großer Tisch mit Stühlen, aber die beiden machten es sich lieber auf den weichen orientalischen Teppichen bequem.

„Hier haben wir immer gesessen, wenn Papa uns abends seine Geschichten erzählt hat. Das war so gemütlich! Mansur brachte Papa dann die Wasserpfeife, die er bereits vorbereitet hatte. Wenn Papa daran zog und die Kohle glühte und es in dem Glasbehälter gurgelte, war es recht. Dann fing er an, seine wunderbaren Geschichten zu erzählen, und zwischendurch machte er kleine Pausen und brachte die Wasserpfeife zum Gurgeln, und das machte die Geschichten noch spannender.

Sonntags gingen wir abwechselnd in den arabischen Gottesdienst zu Papa oder zur Muristankapelle in den deutschen Gottesdienst – da war ich lieber."

„Warum?"

„Bei den Arabern ist es ganz anders, fast chaotisch. Sie kommen und gehen, wie sie gerade wollen, und erwarten viel Zuwendung. Der Pastor soll für alles zuständig sein: für Eheprobleme, Kindererziehung, Geldsorgen, Konflikte und als Mittler und Bürge in schwierigen Situationen. Er braucht unendlich viel Weisheit. Seine Schäfchen haben viel zu hohe Erwartungen, sie meinen, er sei verantwortlich für ihr Wohlergehen. Und unsere Mutter ist stets mit eingespannt, mit Teekochen, Einladungen, praktischer Hilfe. Das war auch in Nazareth so. Dort hatten wir außerdem sieben Waisenkinder mit im Haus, das war nicht immer einfach. Sie nannten mich alle ‚Loulou'."

„Was für ein Name!"

„Loulou heißt ‚Perle'. Sie konnten meinen richtigen Namen nicht aussprechen."

„Bist du denn gerne nach Jerusalem gezogen?"

„Und ob! Das hier ist doch ein kleines Paradies! Hier auf dem Zionshügel sind wir herumgestrolcht, in den Ölbaumgärten, an den Teichen, in den Felsenhöhlen. Und die Schule bedeutete eine Entlastung für unsere Mutter, die Waisenkinder konnten hier im Waisenhaus gut versorgt werden. Das Familienleben wurde übersichtlicher. Und ich fand meine Freundin Tuma. Wir machten alles zusammen, waren unzertrennlich – bis heute. Durch sie habe ich im Armenierviertel sogar die Knüpfkunst und das Weben gelernt. Ich wollte nie hier weg, aber mit fünfzehn wurde es ernst für mich."

„Wie war das denn im Internat, dort im Schweizer Montmireil?"

„Zuerst bekam ich großes Heimweh, hinterher ging es besser. Damals kam gerade das Gaslicht auf, und ich konnte es überhaupt nicht vertragen und musste eine Schutzbrille tragen, das war mir so lästig! Ich hatte mich auch an strenge Tagesabläufe zu gewöhnen und daran, wohlbehütet zu werden. Plötzlich stand ich immer unter Aufsicht, das war ich aus Jerusalem überhaupt nicht gewöhnt. Es war aus mit meiner Freiheit, und immer wieder sehnte ich mich nach meinem Plätzchen unter dem uralten Olivenbaum dort drüben hinter dem armenischen Kloster."

„Gibt es den etwa noch?"

Maggie musste lachen. „Der lebt seit tausend Jahren und wird noch lange leben." Sie sprang auf. „Sollen wir ihn besuchen?!"

Die Abendsonne hatte ihren warmen Glanz auf den Olivenhain gelegt. In den Bäumen raschelte der Wind, sodass die Kronen silbrig schimmerten. Die beiden breiteten eine Decke aus und machten es sich gemütlich. Welch ein Zauber ging von diesem Ort aus!

Johannes betrachtete den alten, knorrigen Ölbaum mit Ehrerbietung. Die Stürme der Jahrhunderte hatten ihn tüchtig zerzaust, der Regen hatte seine weit verästelten Wurzeln freigelegt. Sein Stamm mutete an wie eine hohle, ausgebrannte Rinde, aber Maggie kannte ihren alten Freund: „Er mag aus der Zeit der Kreuzzüge stammen. Er wirkt zwar tot, aber wenn der Herbst kommt, dann wirst du staunen, welche Wunder er noch immer vollbringt!"

Johannes hatte sich ausgestreckt und seine Hände unter den Nacken gelegt. „Ich wollte, ich wäre auch ein Ölbaum, Maggie, dann könnte ich lange leben. Weißt du, ich habe so viel vor, das passt alles gar nicht in ein normales Leben: studieren und Forschen, Literaturstudien und Bücher schreiben, viel Musik machen, Theaterstücke schreiben, Philosophie betreiben und und und …"

„Und Menschen mit Gott bekannt machen", ergänzte Maggie. „Dafür allein brauchst du bestimmt ein ganzes Leben – du hast aber nur eins und bekommst keine Sonderkonditionen vom lieben Gott. Außerdem: Kinder willst du doch wohl auch!"

Johannes hatte gar nicht zugehört. Er war ganz woanders. „Apropos Musik, Maggie: Ich habe einen Traum, und ich glaube, er lässt sich verwirklichen."

„Da bin ich aber gespannt!"

„Kennst du das Oratorium ‚Elias' von Mendelssohn?"

„In einzelnen Passagen, ja. Warum fragst du?"

„Ich will es aufführen, solange ich noch hier in Jerusalem bin. Kann ich mit deiner Unterstützung rechnen?"

„Du willst was?!" Maggie war aufgesprungen. „Wie um alles in der Welt willst du denn das bewerkstelligen? Du hast keinen großen Chor, und ein Orchester brauchst du doch auch, und dann die Solisten!"

„Wenn ich es mir aber vornehme, dann wird es auch gehen."

„Du bist ein Fantast, Johannes, es wird nicht gehen!"

„Aber ich habe meine ‚Wurzeln' bereits in alle Richtungen ausgestreckt", lachte Johannes, „du wirst dich wundern, wenn der Winter kommt, was der Jerusalemer Kirchenmusik-Ölbaum für Wunder vollbringen kann! Ich bin mit allen musikalischen Größen der Stadt bereits im Gespräch!"

Maggie schüttelte den Kopf: „Von deiner Sorglosigkeit, deinem Übermut und Unternehmungsgeist möchte ich gerne ein klein bisschen abhaben, Johannes."

Sie schwiegen, während sich die Sonne langsam hinter dem Berg verkroch. Der felsige Boden des Ölbaumhains hatte ihre Wärme gespeichert.

Eine Weile lagen die beiden ganz still beieinander und genossen die körperliche Nähe des anderen.

Dann wurde Maggie wieder lebendig. „Weißt du, was ich als Kind hier unter diesem Baum geträumt habe? Ich würde in diesem Ölbaumhain meine Hochzeit feiern. Dort drüben auf dem Platz stünde ein großes Festzelt, das für den Schatten sorgt, und alle Freunde würden hier in der freien Natur mit uns fröhlich sein. Ich mag keine großen Säle in Hotels. Ich muss die Vögel singen hören!"

„Träume sind dafür da, dass man sie verwirklicht, aber dazu muss man zuerst aus dem Schlaf erwachen, aufstehen – und fleißig sein!"

Beide Träume sollten Wirklichkeit werden. Das Oratorium fand begeisterte Mitwirkende und dankbare Zuhörer. Johannes dirigierte selbst und sang auch den Part des Elias. Sein warmer Bariton schlug die Zuhörer in Bann, und sie mochten kaum glauben, dass der Mann mit dem Dirigierstab ein Laienmusiker war.

Die Hochzeit fand bei den Ölbäumen statt, mit vielen Freunden und Bekannten – und alle hatten Platz im großen Festzelt oder unter Gottes freiem Himmel, wo die Vögel ihre nie endenden Loblieder sangen.

Auch Tuma und Hagob waren dabei. Tuma überreichte dem Brautpaar einen wunderschönen, reich verzierten Tonkrug aus eigener Produktion. „Damit ihr in Deutschland immer an uns denkt", erklärte sie und wischte sich über die Augen.

Orienttaufe

Maggie hatte das kunstvolle Geschenk von Tuma und Hagob in einen Wollteppich eingewickelt und diesen behutsam in einer der mächtigen Überseekisten untergebracht. Abschiedsstimmung verbreitete sich im Hause Zeller. Nun sollte die Abreise nach Deutschland doch früher als ursprünglich geplant stattfinden. Das junge Paar würde sich gezielt um eine erste Pastorenstelle bemühen und hoffentlich bald einen eigenen Hausstand gründen.

Maggie hatte einen Herzenswunsch. „Bevor die Abschiedszeremonien über uns hereinbrechen, Johannes, möchte ich ganz alleine mit dir noch einmal verreisen – in die Wüste bei Gaza, an den Ort, wo wir als Kinder oft mit den Eltern waren."

„Hoffentlich nicht mit Kamelritt!"

„Mit Kamel, natürlich – und ohne Salto, inschallah! Und mit Picknick, so wie ich es von früher kenne. Die Wüste war für mich das Herrlichste, was die Ferien zu bieten hatten. Hier will ich Abschied nehmen vom Land meiner Geburt. Ich weiß nicht, ob ich es je wiedersehen werde."

Die letzten Worte sprach sie mehr zu sich selbst. Johannes nahm das leise Zittern ihrer Stimme wahr. Während er weiter sein Reisegepäck sichtete, kam ihm das Bild einer Wüstenblume. Ich werde sie verpflanzen, aus sandigem Boden in schwere, lehmige Erde. Sie braucht viel Sonne, aber sie wird eine Menge Regen bekommen. Sie wird keine Sandstürme, sondern Hagelstürme überleben müssen.

Maggie holte ihn in die Gegenwart zurück. „Johannes, es ist nicht leicht, meine Heimat zu verlassen, aber mit dir würde ich auch bis ans Ende der Erde gehen. Ich freue mich auf unseren gemeinsamen Dienst, und neugierig auf Deutschland bin ich auch! Aber dieser Schwebezustand, nicht mehr wirklich daheim zu sein und auch noch nicht angekommen, macht mich so unruhig. Ich wünschte, das Schiff hätte schon abgelegt."

„Das ist unsere kleine Hochzeitsreise, Maggie", meinte Johannes, als sie im Pferdewagen nach Gaza saßen.

„Du wirst es nicht bereuen, meinen Lieblingsort kennenzulernen. Es gibt in Palästina nur dort am Meer einen kleinen Streifen Sandwüste, streng genommen sind es nur ein paar Dünen, aber es ist ein Paradies!"

Die Landschaft zog an ihnen vorbei. Weite Felder mit Weinreben, dazwischen Feigenbäume mit ihren großen, fingerartigen Blättern.

„Das sieht man hier überall, immer stehen die Feigenbäume bei den Weinreben, aber ich habe nie einen Feigenbaum in einem Ölbaumhain entdeckt", meinte Johannes nachdenklich.

„Das hat auch seinen guten Grund. Feigen- und Ölbäume vertragen sich nämlich nicht. Beide beanspruchen viel Platz unter der Erde, wobei der Ölbaum in die Breite wächst, der Feigenbaum in die Tiefe. Sie würden sich gegenseitig die Nahrung stehlen und schlechte Früchte tragen."

„Manchmal ergeht es den Menschen ähnlich. Nicht alle kreativen Leute könnten zusammen arbeiten, ohne dass sie einander behindern. Wie werden wir auf Dauer miteinander auskommen?"

„Ich glaube, bei uns wird es sein wie bei Weinstock und Feigenbaum", sagte Maggie. Sie war sich ganz sicher. „Ich will gerne Weinstock sein", lächelte sie.

Sie hatten das Reiseziel erreicht. Die Kamele lagen wie früher in ihrer sandigen Mulde. Maggie konnte es kaum erwarten – bald würden die „Wüstenschiffe" mit ihnen durch die Dünen ziehen. Ihre „Kapitäne" hockten am Kohlefeuer und warteten in stoischer Gelassenheit auf Kundschaft. Die kleine tönerne Kaffeekanne mit dem runden Bauch steckte in der Glut, alles schaute auf die schmale Öffnung des Halses. Bald würde der Schaum austreten, ein Zeichen, dass der Kaffee fertig war. Der Beduine stellte das Gefäß auf einen Ring aus perlenverziertem Leder. Er sprang auf, um die Ausländer freundlich zu begrüßen, und sagte mit einer einladenden Handbewegung: „Itfaddalu!"

„Er lädt uns zum Kaffeetrinken ein", übersetzte Maggie.

„Aber er hat den Kaffee doch für seine Leute gekocht, den trinken wir ihnen jetzt nicht weg." – „Itfaddalu", wiederholte der Kameltreiber, und seine Genossen echoten: „Itfaddalu, itfaddalu!"

„Diese Aufforderung dürfen wir nicht abschlagen! Sie fühlen sich geehrt, wenn jemand ihre Einladung annimmt. Und es ist unser letzter Ritt." Schon hockte sich Maggie in den Sand. Johannes folgte ihr gehorsam. Die tönerne „Kanaca" spendete einen kräftig duftenden, starken Kaffee, sechs kleine Tonschalen machten die Runde. Genüsslich vollzogen die Männer ihr Kaffee-Ritual. Der kleine Schluck, stark gesüßt, würde die Lebensgeister bis zum späten Abend wachhalten.

„Danke!" Maggie stellte ihre Tonschale aufs Tablett.

„Wohl bekomm's!"

„Gott segne euch."

Dann erklärte die junge Frau den verwegen aussehenden Wüstensöhnen, dass dies ihr letzter Besuch sei, dass sie nun verheiratet sei, und dass sie heute, anders als früher, ein Kamel mit ihrem Ehemann teilen wolle. Bald würden sie nach Deutschland abreisen. Sie sprach ein fließendes Arabisch.

Die Beduinen wurden lebendig. Alles redete und gestikulierte durcheinander. Dann wurde herzhaft gelacht. Johannes schaute seine junge Frau fragend an.

„Sie wollen wissen, wie viel Kamele du für mich bezahlt hast."

„Sag ihnen, du seist unbezahlbar!"

Die Männer suchten ein besonders schön geschmücktes Tier aus. „Das ist unser ruhigstes Kamel, ihr werdet euch fühlen wie in Abrahams Schoß", versprachen sie. Und ihr Glückwunsch für das junge Paar blieb auch nicht aus: „Gott schenke euch großen Kindersegen!"

„Tatsächlich sitze ich heute viel entspannter im Sattel als damals", stellte Johannes bald überrascht fest. „Vielleicht macht das deine Nähe, Maggie. Und meine Einstellung zu Kamelen scheint sich auch zu ändern. So stolz und arrogant sie auch wirken, es sind doch schöne, erhabene Wesen. Was mich beeindruckt, ist ihr zielgerichteter Gang. Sie scheinen zu wissen, wohin sie wollen."

„Sie haben einen fantastischen Geruchssinn, sie wittern die Oase selbst aus zweihundert Kilometern Entfernung, das muss man sich einmal vorstellen! Und wenn sie sich satt getrunken haben, können sie tagelang ohne Flüssigkeit auskommen, so genügsam sind sie." Maggie schwärmte: „Außerdem macht es ihnen nichts aus, sich von Dornen und Disteln zu ernähren. Und dabei tragen sie ihre Riesenlasten in großer Hitze kilometerweit durch die Wüste. Die Nase vorne und oben, wittern sie das Ziel und steuern es schnurstracks an – allerdings übersehen die Trampeltiere dabei auch, was ihnen vor die Füße kommt!"

„Es ist wie bei uns Menschen. Zielbewusste und belastbare Menschen sind wie diese Wüstenschiffe. Sie können viel aushalten und eine Menge bewegen, aber sie haben oft auch ihre Kanten, brauchen jemanden an ihrer Seite, der sie darauf aufmerksam macht, wenn sie zu Trampeltieren werden."

Maggie schwieg nachdenklich.

Die beiden hatten den windgeschützten Ort zwischen den Dünen gefunden, Abdu, den Kameltreiber fortgeschickt, ihr Picknick ausgepackt. Die warme Nachmittagsonne meinte es gut mit ihnen. Maggie seufzte tief: „Wie werde ich ein Leben ohne Wüste wohl finden? Ich kann es mir noch nicht vorstellen."

„Du wirst die Wälder und grünen Wiesen genauso lieben, Maggie!"

„Ach, ich muss noch mal auf die Kamele zurückkommen. Du sagtest etwas von Kanten, von schwierigen Seiten. Hast du solche Kanten, Johannes?"

„Oh, natürlich! Ich will immer mit dem Kopf durch die Wand!"

„Aber das verletzt dich doch!"

„Ich weiß, aber trotzdem ist das so. Wenn ich eine Sache als richtig erkannt habe, gibt's kein Halten mehr, dann muss ich das einfach durchziehen, auf Gedeih und Verderb. Wie neulich bei dem Oratorium. Es war mühsam, aber dann kam die große Belohnung, das war wie Rasten in einer Oase nach langem Wüstenmarsch. Aber ich gebe zu: Nicht jedes Mal geht es ohne Beulen ab, und Freunde mache ich mir auch nicht immer. Und du, wo sind deine Kanten?"

Maggie lächelte: „Ich weiß nicht, ob das Kanten sind; ich

denke, es sind eher Schwächen: ich arbeite mich für andere tot, wenn sie Hilfe brauchen. Deshalb werde ich ständig gebeten, für alle möglichen Dienste: Kinder hüten, Kranke besuchen, Hausaufgabenbetreuung, Hilfe im Haushalt, Fürsprache in Konfliktsituationen, Dolmetscheraufgaben. Ich kann mir nichts Schöneres vorstellen, als mich nützlich zu machen – ich tue es mit Leidenschaft. Hinterher aber bin ich meistens erschöpft. Ich bin kein Herkules und verausgabe mich, ohne es direkt zu merken. Als ich letztes Jahr aus London zurückkam, streckten sich plötzlich so viele Hände nach mir aus. Es hieß:

,Maggie, du bist die beste Kinderfrau im Land, könntest du nicht …?'

,Maggie, wir wollen verreisen, aber unsere Oma sollte nicht alleine bleiben, und sie hat dich so gerne, wie wäre es, wenn …?'

,Maggie, uns fehlen noch Kuchen zur Hochzeitsfeier, du backst so gute …'

Glaub mir, auch ohne Berufsausbildung wäre ich vollauf beschäftigt gewesen! Dann habe ich noch eine sehr anstrengende Vertretung in einem mutterlosen Haushalt mit fünf Kindern übernommen, und wenn ich nicht krank geworden wäre, dann wäre ich vielleicht heute noch dort."

„Du hättest doch Nein sagen können!"

„Das Wort ,nein' ist hier ein ganz unhöfliches Wort. Entweder man umschreibt es mit ,so Gott will', oder man lügt sich etwas zurecht. Beides ist mir zuwider. Und eigentlich sage ich auch viel zu gerne Ja, weil es mir Freude macht zu helfen. Dann bin ich mit mir und Gott im Reinen."

„Wieso mit Gott?"

„Weil er sagt: ,Gib dem, der dich bittet. Geh die zweite Meile mit dem, der dich um eine Meile bittet.' Die Bibel ist doch voll von diesen Aufforderungen!"

„Aber da stehen auch andere Sachen: ,Eure Rede sei ja ja, nein nein!' Wenn man bedenkt, dass Jesus das gesagt hat, der doch hier im Orient gelebt hat, dann versteht man, wie provokativ er war. Wenn wir das ,Nein' so gut wie das ,Ja' beherrschen, dann muss Gott uns nicht über eine Krankheit zur Erkenntnis führen. An der Stelle bist du meiner Mutter ähnlich, Maggie! Sie war auch eine sehr engagierte Frau, hat sich um viele Menschen gekümmert, war sehr gastfrei, hatte eine großartige soziale Gabe. Aber sie selbst ist dabei zu kurz gekommen. Deine Hilfsbereitschaft in Ehren, aber Hingabe und Selbstaufgabe liegen dicht beieinander, du wirst aufpassen müssen, Maggie."

„Wir werden gut aufeinander aufpassen. – Aber, erzähl mir doch mehr von euch! Du hast fünf Geschwister, ihr hattet eine Kuh namens Hathor und einen großen Hund, der Ramses hieß – viel mehr weiß ich nicht. Dein Vater – ging er auch mit dem Kopf durch die Wand?"

„Mein Vater, nun, ich hatte immer so etwas wie Ehrfurcht vor ihm, dem berühmten Ägyptologen, den alle Leute verehrten. Ich glaube, er hat sich gewünscht, dass ich auch Professor werde. Als ich anfing, Theologie zu studieren, war er wohl etwas enttäuscht. Dann wandte ich mich der Philosophie zu und promovierte nach nur einem Semester mit einer preisgekrönten Arbeit. Da war ich zwanzig Jahre alt. Er war mächtig stolz über meine Promotion und hätte mich gerne auf dieser Karriereleiter der Philosophie nach oben klettern sehen.

Ich spürte aber deutlich, dass dieser Weg mich nicht wirklich befriedigen würde. Mein Kopf leistet zwar eine ganze Menge, aber ich muss mit dem ganzen Menschen arbeiten dürfen, ich meine, dass meine Hände, Füße, mein Herz, mein Bauch beteiligt sein müssen. Als Theologe bin ich nah am Menschen und im praktischen Leben, das ist gut so, da kann ich etwas gestalten, verändern, aufbauen.

Aber du hattest mich nach meinem Vater gefragt. Viel Nähe gab es nicht zwischen uns beiden, doch eine Menge Wertschätzung und einen regen geistigen Austausch. Er hat meine Seminararbeiten aufmerksam studiert und gründlich kommentiert, hatte immer Interesse an dem, was ich machte."

„Und als du ein Kind warst?"

„Als Kind habe ich ihn mehr aus der Distanz erlebt." Johannes musste plötzlich lachen: „In der Familie erzählt man gerne die Geschichte vom 15. Dezember 1858, dem Tag meiner Geburt: Das Hausmädchen klopfte an die Tür des Studierzimmers und meldete dem Vater: ‚Eine Junge ist angekommen.' Er war so vertieft in seine Arbeit, dass er die Botschaft nicht verstand und etwas harsch erwiderte: ‚Nun, dann soll er doch raufkommen!'"

Maggie bog sich vor Lachen: „Das muss wirklich ein echter zerstreuter Professor gewesen sein!"

„Aber ein sehr überzeugender Wissenschaftler, sonst hätte ihn der Kaiser nicht aus der eigenen Schatulle gefördert! Unser Haus, die ‚Villa Lepsia', war ein Treffpunkt für bedeutende Wissenschaftler und Politiker und Künstler. Das Erbe meiner Mutter aus dem Verlag meines Großvaters machte es den Eltern möglich, einen großzügigen Lebensstil zu verwirklichen, Bedienstete anzustellen, ein ‚offenes Haus' zu führen. An langen Abenden wurde leidenschaftlich debattiert, manchmal auch musiziert oder die griechische Sprache gepflegt. Mein Vater wurde von vielen Menschen belagert und verehrt. Er war eben der gefeierte Begründer der deutschen Ägyptologie, Professor und Museumsdirektor, und ich schwamm mit im Strom der Bewunderer."

Maggie hatte feinen, gelben Wüstensand in die Hand genommen und ließ ihn spielerisch durch die Finger rieseln. Nach einer Weile sagte sie: „Ich habe meinen Vater auch mit vielen anderen teilen müssen. Als Pfarrer der arabisch-evangelischen Gemeinde war er ständig belagert."

Die beiden hatten sich im warmen Sand behaglich ausstrecken. Johannes schickte seine Gedanken übers Meer, dessen rhythmischer Wellenschlag hinter den Dünen deutlich vernehmbar war. „Du, Maggie, meinen Vater kannst du zwar nicht mehr erleben, aber meinen liebsten Bruder, Reinhold, werde ich dir bald vorstellen. Wir fühlen uns beinahe wie Zwillinge. Wir sind zusammen aufgewachsen und haben fast alles gemeinsam gemacht, eine Zeit lang hatten wir sogar eine gemeinsame Studentenwohnung in München."

„Da werde ich aber wohl eifersüchtig!"

„Ist nicht nötig, Reinhold hat doch seine Sabine, und die beiden sind ein noch viel besseres Gespann."

„Beide sind Kunstmaler?"

„Ja, und inzwischen auch sehr bekannt in der Kunstwelt. Sie schwärmen von ihrer Freundschaft mit dem Dichter Stefan George. Vielleicht hast du ja Glück und wirst porträtiert, wer weiß? Ich freue mich riesig auf ein Wiedersehen mit meinem Bruder, und er ist sicherlich auch sehr gespannt auf dich …

Was ist das denn? Die Sonne verdunkelt sich, das habe ich in diesem Land noch nie erlebt!" Johannes war aufgesprungen.

„Das sieht nach Sandsturm aus! O weh, ich habe den Kameltreiber erst für sechs Uhr bestellt!" Maggie sah sich ratlos um.

„Da hinten, siehst du die Staubwolke? Er scheint es zu sein."

„Er kommt mit hohem Tempo! Und er bringt ein zweites Tier mit!"

Dann war Abdu schon bei ihnen. Er befahl den Tieren zu sitzen. Sie waren nervös und gaben tiefe, röhrende Laute von sich. „Jalla, schnell aufsteigen! Wir müssen uns in Sicherheit bringen!"

Er half Maggie in den Sattel, dann gab er Johannes mit Gesten deutlich zu verstehen, dass sie sich das zweite Kamel teilen würden. Johannes zauderte.

„Du kannst ihm vertrauen", sagte Maggie. „Tu, was er sagt! Wenn du locker bleibst, passiert nichts!" Schon setzten sich die Tiere in Bewegung, und bald galoppierten sie davon.

„Das also war Reitunterricht auf Arabisch!" Johannes klopfte sich noch etwas benommen den Sand aus der Kleidung.

„Das war deine Orienttaufe, Johannes!"

„Ein Kamel werde ich nie wieder brauchen, inschallah!"

„Du solltest nie ‚nie' sagen!"

„Ich bin mächtig stolz, dass ich den Galopp lebend überstanden habe. Dies war mein größtes orientalisches Erfolgserlebnis. Nein, das zweitgrößte – das größte bist du, Maggie."

Potsdamer Abendrunde

„Wir reisten bald nach der Hochzeit ab, um unsere erste Pfarrstelle in Friesdorf, einem Dorf bei Wippra im Südharz, anzutreten. Dort zogen wir in ein geräumiges Reetdachhaus ein. Maggie schwärmte in ihren Briefen an die Eltern von dem ‚lieblichen Dörfle', von ihrem Garten und den freundlichen Dorfbewohnern. Ich war genauso begeistert, hatte ich mir doch eine kleine Gemeinde gewünscht, um nebenbei meinen geistigen Interessen nachzugehen.

Wir trafen uns gerne mit den anderen Amtsbrüdern und ihren Frauen zum gemeinsamen Bibelstudium und zum geistigen Austausch. Es dauerte nicht lange, da meldete sich unser erstes Kind an – und es kam eine gute Nachricht von Friedrich Zeller."

Teppichmanufaktur im Harz

FRIESDORF 1887-1898

Johannes wedelte begeistert mit einem weißen Briefumschlag herum. „Rate mal, was in diesem Brief steht, Maggie! Du wirst es nicht glauben, aber Friedrich hat sich auf die Pfarrstelle in Biesenrode beworben! Stell dir vor, Friedrich und Emma würden ins Nachbardorf ziehen! Nur eine halbe Stunde zu Fuß!"

Maggie strahlte. „Das hat er gut gemacht – hoffentlich ist er erfolgreich, mein Bruderherz. Wir waren lange genug getrennt! Es wäre zu schön, um wahr zu sein! – Aber ich habe auch eine Überraschung für dich!"

„Da bin ich aber gespannt."

Maggie führte ihren Mann ins Studierzimmer. Hier stand ein wunderbarer Flügel, an dem Johannes sich abends gerne entspannte. Maggie zog ihn auf die Klavierbank und setzte sich neben ihn. Jetzt schlug sie den Militärmarsch von Schubert auf. „Los geht's, Johannes, du spielst die linke Seite, ich die rechte." Maggie hatte heimlich geübt, wenn Johannes unterwegs war. Johannes spielte lässig vom Blatt, aber für sie war es eine große Herausforderung, ihm durch das Stück zu folgen und gemeinsam mit ihm auch anzukommen. Sie klatschte übermütig in die Hände.

Er nahm sie in den Arm. „Fabelhaft, Maggie, diese Überraschung ist dir wirklich gelungen!"

Tatsächlich zogen Friedrich und Emma Zeller bald nach Biesenrode, und bei Maggie und Johannes in Friesdorf kam ein kleines Mädchen zur Welt – Renate. Der Papa hatte die Geburt miterlebt, was zu jener Zeit sonst nicht üblich war, und nachts stand er auf, wenn das Baby schrie, um Maggie nach den An-strengungen der Geburt zu schonen.

Maggie ließ ihre Mutter, Hannah Zeller, in Jerusalem an ih-rem Glück teilnehmen. Sie schrieb lange Briefe und erzählte von den erstaunlichen Entwicklungen ihrer kleinen Tochter: das ers-te Lächeln, die ersten Laute, ihr Interesse an der Umgebung, der erste Zahn, ihr fröhliches Jauchzen, wenn der Papa kam.

Wie aber kann ein sehender Mensch das eigene Glück genießen, wenn seine Mitmenschen darben? Es gab viele arme Bewoh-ner in Friesdorf. Die Leute lebten als Holzfäller und Köhler vom Wald, andere Verdienstquellen gab es kaum. Gewiss, in den Gärten wuchsen Spinat, Bohnen, Möhren, Kartoffeln und Kohl, und vielleicht würden die Apfelbäume tragen. Eine Kuh, eine Ziege, ein paar Hühner waren schon ein kleiner Luxus. Was jedoch, wenn ein Familienvater starb?

Maggie sah diese Menschen Sonntag für Sonntag in der Kir-che. Sie traute sich kaum, sie nach ihrem Ergehen zu fragen, wusste sie doch, dass es ihnen schlecht ging.

„Wie kann man den Menschen etwas von der Liebe Got-tes sagen, wenn sie Not leiden?", fragte sie ihren Mann eines Sonntags nach dem Gottesdienst. Johannes hatte eine seiner mitreißenden Predigten gehalten.

„Predigen und Handeln gehören zusammen!" Sie hatte den Sonntagsbraten aufgeschnitten und trug die dampfenden Schüsseln auf.

„Ich kann diesen Spagat auch kaum aushalten", gab Johannes zu und schob seinen Teller beiseite: Wie oft hatte er selbst sei-nen Kopf sorgenvoll aufgestützt, wenn er am Schreibtisch saß! Kürzlich hatte er eine Mutter von vier Kindern beerdigt, die im Kindbett gestorben war. Nun ging er täglich zum Schmied Do-berstau, der im Sterben lag und sich um seine Familie grämte.

„Lass los, Bruder, ich verspreche dir, für deine Kinder zu sorgen!", hatte ihm Johannes noch gestern gesagt.

Hatte er da aber den Mund nicht zu voll genommen? Wie sollte das praktisch aussehen?

Dem geborenen Initiator kam eine ziemlich verrückte Idee: „Ich zerbreche mir schon lange den Kopf, Maggie, wie man den Leuten hier Arbeit verschaffen kann. Sollten wir nicht eine kleine Teppichmanufaktur aufbauen? Du würdest die Frauen anleiten, ich die Verwaltung und das Finanzielle übernehmen. Aus dem Erbe meines Vaters habe ich etwas Geld, wir könnten es hier zum Wohl der Bevölkerung einsetzen."

Maggie schaute ihn groß an. Johannes sprach ihr aus dem Herzen. „Das hört sich an wie ein Traum! Was hattest du doch damals bei unserem Schäferstündchen unter dem Ölbaum gesagt? ‚Einen Traum kann man verwirklichen, wenn man sich entschließt, aus ihm aufzuwachen und an die Arbeit zu gehen.'"

Die Idee nahm Gestalt an: eine Manufaktur für Smyrna-Teppiche zog ins geräumige Pfarrhaus ein. Pastor Lepsius wurde ganz nebenbei Unternehmer. In seiner Kirchenbehörde in Magdeburg schüttelten die Herren den Kopf über den komischen Vogel in Friesdorf – aber man ließ ihn gewähren.

Maggie konnte das, was sie in Jerusalem zusammen mit Tuma geübt hatte, nun weitergeben. Sie leitete die ersten Mädchen an. Johannes reiste nach Berlin, studierte in Bibliotheken Schriften über orientalische Ornamentik, suchte Kontakte zu Teppichverkäufern und -herstellern.

Inzwischen war im Pfarrhaus die kleine Eveline geboren. Maggies Alltag war ganz ausgefüllt, sie brauchte Hilfe für die Kinder, damit sie Zeit für die Frauen in der Werkstatt hatte. Es wurden immer mehr, die sich hier ein Zubrot verdienen wollten, und der große Werkstattraum im Pfarrhaus war bald zu klein.

Johannes baute deshalb eigens für die Teppichmanufaktur ein lang gestrecktes Haus, in dem schließlich vierzig Arbeiterinnen Platz fanden. Draußen an den Straßenzäunen raunte man sich zu, dass die Pfarrfrau sich mehr um ihre Kinder kümmern sollte, zu oft sähe man die Kleinen unter der Obhut von jungen Mädchen. „Und das Dritte ist schon unterwegs! Und die Werkführer Fieg und Schaufler kommen zu Tisch ins Haus!"

Endlich, zur Geburt des dritten Kindes, sollten die Großeltern aus Jerusalem zu Besuch kommen und ein wenig bleiben. Sie waren betroffen über die Unruhe im Haus und fanden, dass das Pfarrhaus zugig sei. Die jungen Leute aber hatten für ihre Bedenken kein Ohr. Zu dieser Zeit erkrankte Maggie an einer Gesichtsrose. Hannah Zeller, die in Bad Köstriz in Thüringen ihre kranken Gelenke pflegen wollte, nahm die schwerkranke Tochter mit dorthin.

Gut erholt kehrte Maggie zurück, um weitere Aufgaben zu übernehmen. Johannes hatte sich der Evangelisationsbewegung angeschlossen und war einer der beliebtesten reisenden Prediger der Evangelischen Allianz geworden. Besorgt schrieb er ihr von seinen Reisen und fragte sie, ob ihr die Aufgaben als Mutter, Hausfrau und Geschäftsleiterin nicht zu viel würden. Maggie aber tat alles so gerne!

Deutsche Orient-Mission

Die kleine evangelische Gemeinde von Friesdorf und die Nachbargemeinden versammelten sich alljährlich zu einem Missionsfest. Wochenlang freuten sich die Leute auf dieses besondere sommerliche Ereignis. Am Waldrand oberhalb des kleinen Harzdörfchens hielten die Kutschen und Leiterwagen aus der Umgebung und brachten Groß und Klein zum Fest. Die lebendigen Berichte aus fremden Ländern, die heiteren Lieder in der freien Natur, das gemeinsame Essen und Trinken, die gute Gemeinschaft zogen immer wieder viele Besucher an.

Nach einem dieser Missionsfeste hatte sich eine Gebetsgruppe gebildet, die in den folgenden Monaten immer mehr Zuspruch bekam. Daraus entstand zu Ostern 1896 in aller Stille die Deutsche Orient-Mission (DOM).

Johannes war Feuer und Flamme. „Jetzt sind die Voraussetzungen für ein Missionsseminar geschaffen, Maggie. Seit meiner Jerusalemer Zeit ist mir klar, dass wir Theologen nicht in der Lage sind, mit Muslimen über unseren Glauben zu reden und fair zu debattieren. Christen und Muslime reden aneinander vorbei – das ist fatal. Wir brauchen eine vertrauensvolle Gesprächskultur! Ich habe schon ganz gute Ideen für eine solche Bildungsstätte!"

Nur eine Woche später schien dieser Traum bereits infrage gestellt. Johannes studierte die Tageszeitung und fand dort eine kleine Notiz, in der von „englischen Lügen" die Rede war.

„Was für englische Lügen?"

Die englische und französische Presse hatte von einem großen Massaker an Armeniern berichtet, das angeblich von Konstantinopel ausgegangen war, ausgerechnet am Tag der Missionsgründung in Friesdorf.

„Warum sollten die Türken so was tun?"

„Ich hoffe, es sind wirklich nur Lügen", meinte Johannes besorgt. „Die deutschen Zeitungen behaupten, es habe sich um die Niederschlagung eines Aufstandes gehandelt."

Bald jedoch kam ein Brief aus Frankfurt am Main, in dem Pfarrer Ernst Lohmann zu Spenden für die Opfer der Massaker in der Türkei aufrief. Anlässlich einer Amerikareise waren ihm ausführliche Zeitungsberichte über die Geschehnisse in der Türkei in die Hände gekommen. Nun, da sich Johannes'

Befürchtungen bestätigten, war der wie von einem Blitz getroffen.

„Kann das denn sein, dass der Sultan Abdul Hamid das älteste christliche Volk umbringen will? Warum? Die Armenier sind friedliebend und fleißig, begabte Handwerker und erfolgreiche Ackerbauern und haben es zu Wohlstand gebracht! Ohne sie wäre das türkische Reich arm."

„Ich erinnere mich, dass Tuma nie begeistert von den Türken geredet hat", meinte Maggie.

„Gewiss, der Wunsch der Armenier nach mehr Autonomie war bekannt, und auch, dass die Russen das kleine Grenzvolk gerne für ihre großen politischen Ziele gebrauchten. Die Armenier waren im Schachspiel der Großmächte immer die Bauern, die mal so, mal so positioniert wurden. – Ist es vielleicht denkbar, dass die Deutschen als Verbündete des Osmanischen Reiches die Ereignisse herunterspielen? Das wäre wirklich unerträglich, und dann müsste umgehend etwas geschehen!"

„Wie kann man überhaupt die Wahrheit herausfinden?"

„Einzig und allein durch eine Reise in die betroffenen Gebiete."

Maggie überlegte. Tumas letzter Brief war vor einem Jahr gekommen – mit einem hübschen Familienfoto.

Johannes lief mit starrem Blick unruhig in seiner Amtsstube hin und her, wie ein Löwe im Käfig. Musste er die Zielsetzung seiner Mission spontan ändern? Wenn Tausende von Christen in Gefahr geraten waren, dann konnte man sich den Luxus eines Seminars, so sinnvoll es auch schien, im Augenblick nicht leisten, dann musste stattdessen sehr schnell ein Hilfswerk für Notleidende entstehen.

„Johannes, ich glaube, du musst reisen!" Maggie sah, wie ihr Mann litt und mit sich kämpfte. „Wenn du die Unruhe so stark spürst, dann gibt Gott dir einen Auftrag, und dann gibt es kein Wenn und Aber. Es steht zu viel auf dem Spiel! Nimm keine …" Maggie bekam einen Hustenanfall wie so oft in den letzten Wochen. „Nimm keine Rücksicht auf uns, wir werden es schaffen, und die Pfarrstelle wird gut vertreten sein. Friedrich ist da und die anderen Amtsbrüder, sie stehen alle hinter dir." Wieder schüttelte ein Hustenanfall die kleine, zarte Frau. Maggie hatte abgenommen, seitdem sie ihr fünftes Kind geboren hatte. Der kleine Gerhard war gerade ein Jahr alt, und es war nicht zu übersehen, wie schwer es Maggie fiel, ihn zu tragen.

„Aber du …"

„Das Dorf steht hinter uns, Hilfe kann ich genug finden. Im Betrieb ist Lehrer Eckart eine starke Säule geworden, sie kommen notfalls auch ohne mich aus. Ich werde mich um die Korrespondenz kümmern. Nur eine Bedingung habe ich: Reise nicht allein!"

Johannes dachte ein paar Tage nach, dann kam ihm eine Idee. „Ich werde James Greenfield fragen!", sagte er entschlossen.

„James Greenfield, ist das der junge Mann, der regelmäßig zu den Missionsfesten kam?"

„Richtig! Er ist armenisch-deutsch-jüdischer Abstammung, hat das ‚Stiftische Gymnasium' in Gütersloh besucht. Seine armenischen Vorfahren waren reiche Großgrundbesitzer. Er kennt die Geschichte des armenischen Volkes gut."

„Und wie willst du als Pfarrer das Visum bekommen?"

„Ich bin doch auch Teppichfabrikant!", lächelte Johannes.

So kam es, dass James Greenfield, der junge Student der Nationalökonomie, wenig später mit dem Teppichhändler Lepsius im Orientexpress nach Konstantinopel saß. Ohne seinen sprachkundigen Begleiter hätte Johannes im fremden Land wenig ausrichten können. James sprach fließend Armenisch, Türkisch und Kurdisch, und er hatte ein Herz für die Sache.

Nach drei Reisetagen hätte eine Ruhepause gutgetan. Aber die beiden hatten sich anders entschieden. In Konstantinopel hätten die Aufsichtsbehörden leichtes Spiel gehabt, das Vorhaben der Fremden zu behindern. James sorgte kurzentschlossen dafür, dass die umgehende Weiterreise ins Landesinnere ohne großes Aufsehen klappte. Nun saßen sie in der anatolischen Bahn mit dem Ziel Angora, dem heutigen Ankara. Von dort würde es nur zu Pferd weitergehen.

Neugierig scharten sich die Mitreisenden um sie. Sie breiteten ihr Picknick aus und luden die Fremden zum Essen ein. Woher sie kämen, wollte man wissen. Aus Deutschland? „Deutschland ist unser Verbündeter, Deutschland ist gut. Der deutsche Kaiser will mit seiner Gattin den Sultan besuchen. Aber was macht ein Deutscher in Anatolien?"

„Der Herr ist Teppichfabrikant und möchte Handel treiben!"

„Das ist sehr gut, Deutschland und die Türkei müssen zusammenstehen."

„Was ist euer Ziel?"

„Wir wollen nach Kaisarie." Die Fahrgäste tauschten vielsagende Blicke. Sie raunten sich Worte zu, die auch James kaum verstand.

„Kaisarie? Dahin kann man nur reiten!"

Ein Mitreisender versuchte ihnen klarzumachen, wie groß das Abenteuer werden könnte, wenn sie nach Kaisarie gelangen wollten. Er stand theatralisch auf, verbeugte sich vor seinem selbst gewählten Publikum und verwandelte sich in einen Reiter. Er ritt, bis ihm die Kehrseite wehtat, stieg krumm vor Schmerzen ab, fiel todmüde um und schnarchte, dass der Waggon zitterte. Dann räkelte er sich, versuchte mit schmerzenden Gliedern, das Tier wieder zu besteigen, und ritt weiter. Erschöpft schlief er im Sattel ein. Nun aber kamen fremde Reiter, die ihn bedrohten und sein Geld haben wollten. Er zog seine Pistole und feuerte los, und natürlich fielen sie alle mausetot um.

Als großer Held ließ er sich schließlich von seinen Zuschauern fröhlich feiern – o Wunder, die Müdigkeit war wie weggeblasen!

In Angora sprach ein junger Italiener die Deutschen an. Er hatte einen Fotoapparat dabei, den er zusammengeklappt auf dem Rücken trug. Der Künstler hatte die Welt in weiten Teilen gemalt und fotografiert, nun stand er vor der größten Herausforderung bisher: Er hatte sich das anatolische Hochplateau mit den tief eingeschnittenen Tälern vorgenommen.

„Prego, Signore", wandte er sich an die Deutschen und bat sie, sich ihnen anschließen zu dürfen, was diese gerne erlaubten.

James Greenfields Stunde war gekommen. Wo war die Passstelle, das geeignete Quartier? Wer stellte ihnen die Pferde? Was mussten sie alles vor einem mehrtägigen Ritt über die Berge beachten? In kürzester Zeit fand er alles heraus.

„Bis Kaisarie werden wir ungefähr sieben Tage reiten. Zu unserem persönlichen Schutz müssen wir uns von Dorf zu Dorf begleiten lassen. Immer wieder werden unsere Pässe geprüft werden. Es wird überall eine sehr einfache Übernachtungsgelegenheit geben. Dort werden auch die Pferde gewechselt. Den Proviant nehmen wir soweit wie möglich von hier mit. Den Preis der Pferde für die erste Etappe konnte ich auf die Hälfte herunterhandeln."

Drei Tage war der kleine Tross bereits unterwegs. Die Männer aus Europa konnten sich nur schwer an die fremden Lebensbedingungen, an den Rücken der Pferde, an die täglich wechselnde Schutztruppe und die misstrauischen Fragen der „Mutessarifs", der Regierungsbevollmächtigten, gewöhnen. Der Anblick der Natur war für ihre romantischen Seelen jedoch eine täglich neue Kraftquelle, ein unvergesslicher Eindruck – die karge, zerklüftete Berglandschaft, die tief eingeschnittenen Täler mit ihren Flussläufen, die einsamen Dörfer aus grauem Gestein. Darüber ein tiefblauer Himmel, dann und wann ein Raubvogel im Gleitflug. Jedes größere Dorf hatte seinen Mittelpunkt, eine weiß getünchte kleine Moschee. Ein paar Ziegen und streunende Hunde, verwilderte Katzen kreuzten ihren Weg – dann wurde es wieder einsam.

Heute war die Nachhut aufgehalten worden. Die Polizisten beeilten sich, den Abstand zu den Schutzbefohlenen zu verringern, da stießen sie auf zwei griechische Reiter, die gebunden und ausgeraubt am Weg lagen. Noch vor einer halben Stunde waren Johannes, James und der Italiener arglos an dieser Stelle vorbeigeritten. Johannes hatte vergnügt und nichts ahnend ein Liedchen gesummt. Hatten die Räuber nicht den Mut gehabt, eine Dreiergruppe anzugreifen? Oder hatten sie vielleicht das längliche Gestell auf dem Rücken des Italieners als Gewehr gedeutet? Johannes griff nach seinem Brustbeutel. Was, wenn die neuntausend Schweizer Franken in die Hände fremder Schurken gerieten? Das Geld, von süddeutschen Gemeinschaftschristen für Notleidende gesammelt, sollte heimatlosen Waisenkindern eine Aufnahme in ein Waisenhaus ermöglichen. Er wollte es in Talas und Urfa amerikanischen Missionaren anvertrauen. Es würde hundert Kindern für sechs Monate den Lebensunterhalt sichern.

Der Italiener hatte sein Fernglas gezückt. Er zeigte aufgeregt nach Norden. „Dort oben, in der Bergwand, seht ihr das massive Gemäuer?"

„Das Kloster Hadschji Bektaschi", erklärte der Polizist. „Unser Etappenziel für heute Abend!" Johannes atmete tief auf. Wie eine Burg, die niemand würde einnehmen können, schaute das alte Gemäuer zwischen den Felsen hervor. Im Schutz dieser Mauern würden sie schlafen dürfen? James Greenfield ritt neben ihm. „Das Kloster rühmt sich, der ‚Mittelpunkt der Reinlichkeit der Welt‘ zu sein", wusste er zu berichten.

Johannes schien es nicht zu hören. Wie es Maggie ergehen mochte? Seine Gedanken waren weit weg, in dem friedlichen Harzdorf mit den kleinen Reetdachhäusern. Er fühlte in diesen Minuten stärker als sonst die Sehnsucht nach seiner Frau und den Kindern.

„Was habe ich mir und ihnen zugemutet? War es Leichtsinn? Übermut? War ich verantwortungslos? Was wäre aber, wenn ich der drängenden Stimme in mir nicht gefolgt wäre? Dann wäre ich jetzt daheim, aber todunglücklich. Nein, ich musste es tun!"

Nun wurde der Pfad immer steiler. Mühsam quälten sich die Tiere das Bergmassiv hinauf. Die Sonne stand tief, ein Raubvogel schwebte in weiten Kreisen über der Kluft, und aus der Tiefe ertönte das schaurige Geheul der Schakale.

„Bald kommen wir an", sagte der Führer.

Das Tor hatte sich geöffnet. Sie spürten deutlich, wie herzlich sie, die Christen, hier am islamischen Ort willkommen waren. Das Kloster des „Hadji Bektaschi" war stets offen für alle Menschen, egal, welcher Religion sie angehörten und welche Hautfarbe sie hatten. Frieden, Liebe und Brüderlichkeit wurden hier gepredigt – mit der Tat der Liebe.

Im Schutz der Klostermauern fiel die Unruhe von Johannes ab. Jetzt war die Zeit gekommen, sich mit Maggie zu unterhalten. Johannes schrieb, solange ihm die untergehende Sonne Licht spendete. In Kaisarie würde er versuchen, den Brief abzuschicken.

Als die Klosterbrüder sich zum Dhikr, ihrer Meditationsübung, versammelten, gesellte sich James zu ihm.

„Komm, James" meinte Johannes, „dies ist ein guter Moment, lass uns auch unsere Andacht halten!" Johannes zog sein Neues Testament mit den Psalmen aus der linken Brusttasche. Er schlug den 91. Psalm auf.

„Soll ich ein Licht organisieren?"

„Nein, das ist nicht nötig." Johannes legte das Büchlein wieder zur Seite.

„Diesen Psalm kann ich auswendig, er geht seit Langem mit mir:

Wer unter dem Schirm des Höchsten sitzet
und unter dem Schatten des Allmächtigen bleibet,
der spricht zu dem Herrn:
Meine Zuversicht und meine Burg,
mein Gott, auf den ich hoffe …
Denn er hat seinen Engeln befohlen über dir,
dass sie dich behüten
auf allen deinen Wegen.
Dass sie dich auf den Händen tragen
und du deinen Fuß nicht an einen Stein stößest.

Diese Worte machen mir Mut, wenn ich verzagt bin", vertraute Johannes dem jungen Freund an. „Mit Maggie habe ich diesen Text zum Einzug in Friesdorf gelesen. Für sie war der Sprung von Jerusalem ins regennasse Deutschland, aus der Weltstadt ins Harzdorf schwierig. Bei den Engelversen hört mein inneres Ohr immer die Musik von Mendelssohn. Er hat die Worte so wunderbar vertont."

Der nüchterne James hatte Bedenken. „Gilt das mit den Engeln auch für die Armenier? Ich meine, sie lesen doch auch diesen Psalm, aber sie finden ihn nicht bestätigt!"

Johannes war ernst geworden. „Nein, sie erleben das Gegenteil, Schmerz, Angst und Gottverlassenheit."

„Damit komme ich nicht zurecht, warum schützt Gott sie nicht?"

„Mich quält diese Frage genau wie dich, James. Seit Langem denke ich darüber nach, warum Christen in aller Welt immer wieder verfolgt werden. Ich habe keine Antwort, nur einen unwiderstehlichen Drang, mich neben sie zu stellen und für sie einzusetzen. Und einen Trost habe ich auch: Jesus kennt all das, was sie durchmachen."

Ein Klosterbruder setzte sich zu ihnen. Er wollte ihnen sagen, dass sie ihre verschwitzte Kleidung zum Waschen abgeben durften, und er zeigte ihnen ihre Ruheplätze – Steinbänke mit einer sauberen baumwollenen Matratze, dazu ein Flickenteppich zum Zudecken. Genug Wasser für ein erfrischendes Bad würden sie im Baderaum finden. Welch ein Luxus!

Dann nahm er seine Gäste mit zur Aussichtsmauer. Er zeigte auf einen schneebedeckten Berg in der Ferne. „Erdijas Dagh", erklärte er.

James wusste: „Das ist der Berg, an dessen Fuß die Stadt Kaisarie liegt." Bei dem Wort „Kaisarie" zuckte der Klosterbruder zusammen, seine Miene verzerrte sich qualvoll, und zu James gewandt sagte er: „Kaisarie ist ein Ort des Grauens geworden. Wir schämen uns für das, was dort geschehen ist."

Mit Beklemmung betraten die Europäer drei Tage später die berüchtigte Stadt Kaisarie, das alte Caesarea. Der bedeutende Handelsplatz mit vierzigtausend Einwohnern war ein wichtiger Umschlagplatz für den Karawanenhandel aus dem Innern Armeniens zur Küste, und bald würde die anatolische Eisenbahn von Angora bis hierhin ausgebaut werden, dann könnte man sich den mühsamen Ritt über die Berge ersparen.

Johannes wusste noch mehr: „In Kaisarie liegt auch der Ursprung der armenischen Nationalkirche. Hier wurde ‚Gregor der Erleuchter‘ um 300 nach Christus zum Bischof der armenischen Kirche geweiht. Nach ihm wird die armenische Kirche ‚Gregorianische Kirche‘ genannt.“

Im Gebiet um Kaisarie waren im Vorjahr tausend Menschen ermordet worden – dreiundvierzig umliegende Dörfer hatte das türkische Militär ausgeplündert und abgebrannt. Auch ihre Bewohner hatten sterben müssen.

Die Fremden aus Deutschland wurden zwar sehr höflich behandelt, jedoch auf Schritt und Tritt von Regierungsbeamten bespitzelt. Trotzdem gelang es James Greenfield, armenische und türkische Augenzeugen zu befragen. Übereinstimmend gaben sie an, dass das armenische Volk sich in keiner Weise provozierend verhalten habe. Das Massaker sei sorgfältig geplant gewesen und strategisch gezielt durchgeführt worden. Es war deutlich, dass ein Teil der türkischen Bevölkerung die Vernichtungspolitik des Sultans verurteilte.

Die Männer hofften, dass sie bei den amerikanischen Missionaren noch mehr über die blutigen Vorgänge erfahren könnten, und dort würde Johannes Lepsius auch endlich seine kostbare Geldlast loswerden. Nicht nur er atmete tief auf, auch der Leiterin der Mädchenschule von Talas fiel ein Stein vom Herzen.

„Da hat Gott uns seine Engel geschickt“, stellte sie fest und starrte ungläubig auf den Geldsegen. „Gestern noch haben wir miteinander beraten, wie es denn weitergehen könnte mit unserer Schule. Viele unserer Schülerinnen haben bei den Massakern ihre Eltern verloren. Einige aber haben wenigstens noch einen Onkel oder Opa, der für sie sorgen kann. Vierzehn von ihnen haben wir unter unser Dach geholt, weil sie alles verloren haben: ihre Familien, ihre Häuser, ihren Besitz. Wir wussten, dass wir nicht die Mittel hatten, sie zu versorgen, aber konnten wir sie deshalb vor die Tür schicken? Dies sind wohl die Momente, in denen unser schwaches Gottvertrauen auf die Probe gestellt wird."

Sie nahm das Geld wie ein Kind ein Geschenk zum Weihnachtsfest, zählte den Betrag und strahlte überwältigt: „Fünftausend Schweizer Franken reichen, um sechsunddreißig Kinder für ein halbes Jahr aufzunehmen! Täglich kommen die geschundenen Menschen mit ihren Kindern und betteln um Aufnahme. Das Herz blutet mir, wenn ich ihnen sagen muss, dass wir keine Möglichkeit für sie haben. Jetzt können wir auch diese Kinder von der Straße holen!"

Wie gerne hätten sich die weit gereisten „Engel" in Kaisarie beherbergen und verwöhnen lassen! Es wäre ein guter Ort gewesen, um sich zu erholen. Sie mussten jedoch die freundliche Einladung ablehnen, weil ihnen ihre kostbare Zeit davonlief. Nur den Abend und die Nacht wollten sie bleiben.

„Wir sind brennend an Informationen aus erster Hand interessiert, über die Geschehnisse im letzten Jahr – die Vorgänge müssen in Deutschland unbedingt bekannt werden, unsere Zeitungen schweigen wie ein Grab!"

Es wurde ein bedrückender Abend mit den ausführlichen Berichten der Missionarinnen. Die Nacht war dann kurz, wenn auch sehr komfortabel in einem richtigen Bett, mit weißem Leinen wie zu Hause, dazu einem Moskitonetz gegen die sirrenden, ungebetenen Gäste der orientalischen Nächte – und einer richtigen Dusche!

Johannes hatte den Bericht der amerikanischen Freunde ausführlich mitgeschrieben. Kein Detail sollte ihm verloren gehen. Was hatten sie betont? „Überall da, wo amerikanische und französische Niederlassungen waren, passierte nichts."

„Ich wünschte, ganze Heerscharen von amerikanischen Helfern wären über das Land verteilt!", sagte Johannes beim Abschied.

„Ja, sie hätten alle Hände voll zu tun!"

Auf der Weiterreise hatte sich wieder ein kleiner Tross gebildet. Tagelang genossen die Reiter das herrliche Panorama der Tauruskette.

Dann aber kam der Tag, an dem sich die Gruppe so hoffnungslos verirrte, dass sie bei Anbruch der Dunkelheit die Orientierung gänzlich verloren hatte. Dazu stürmte es und regnete wie aus Kübeln. Ein Reiter bekam hohes Fieber und konnte sich kaum noch auf dem Pferd halten. Die Lage schien hoffnungslos.

Verzweifelt rief der einheimische Führer laut in die Dunkelheit hinein: „Ist denn keiner, der sich unser erbarmt?" Doch auch die Gewehrschüsse des sie begleitenden Polizisten verhallten ungehört.

Mutlos tastete die Gruppe sich auf unwegsamem Gelände weiter. Da glaubte der Polizist, Stimmen zu hören, und der Führer meinte, einen Weg unter den Füßen zu spüren. Es dauerte nicht lange, als plötzlich ein helles Feuer himmelhoch aufleuchtete. Sie hörten, wie Leute ihnen entgegenkamen, und dann nahmen sie den Schein von Fackeln wahr.

Ein alter Mann war noch einmal aufgestanden. Auf dem Weg in den Stall meinte er, Stimmen aus der Dunkelheit gehört zu haben. Darauf hatte er die Frauen des Dorfes geweckt und ihnen befohlen, ein Strohfeuer zu entfachen.

Der Regen hatte nachgelassen. Die erschöpften Reiter ließen sich am warmen Feuer nieder. Der Kranke bekam trockene Kleidung, und natürlich musste etwas zu essen her: Fladenbrot mit Ziegenkäse und Tomaten, dazu heißer Pfefferminztee. Hatten sie jemals etwas Köstlicheres genossen? Todmüde und gut gesättigt schliefen sie am Feuer unter einem Teppich, tief und fest, bis die Morgenkühle sie weckte.

Immer noch hatten sie einen Sechs-Tage-Ritt über das Taurusgebirge vor sich. Ihr nächstes Ziel war Tarsus, die Stadt, aus der Paulus stammte. Den Tag der Ankunft würden sie nie vergessen. Auf einer schmalen, geländerlosen Brücke über den Tharsus-Tschai scheute ein Pferd und fiel in den Fluss, während sein Reiter sich in letzter Sekunde retten konnte. Das Tier kämpfte gegen das reißende Wasser an und wurde an einer günstigen Stelle gerettet – es hatte keinen Schaden genommen.

In Tarsus, Adana und Mersina konnten sich die Reisenden in den Häusern der amerikanischen Missionare erholen und reichlich Informationen über die politische Lage einholen. In allen drei Städten hatte es keine Ausschreitungen gegeben, weil die Anwesenheit französischer Kriegsschiffe es verhindert hatte.

Überall erzählte man von den schlimmen Vorgängen in Urfa. Dort waren zehntausend Armenier umgekommen.

„Die Menschen waren vor den Schergen in die Kirche geflohen und hatten sich verschanzt, in der Hoffnung, das Militär würde sich scheuen, eine Kirche zu stürmen. Aber die Militärs schossen drinnen wahllos in die Menge, gingen mit Äxten und Beilen auf die wehrlosen Opfer zu und schlachteten sie unter den Angstschreien der Frauen und Kinder auf den Emporen ab. Sie rissen den Toten die Kleidung vom Leibe, stapelten die Textilien zu einem Berg auf, übergossen ihn mit Petroleum und steckten ihn an. Auf dem Markt hatten sie ein paar Kilo Pfeffer gekauft, die sie ins Feuer warfen. Wer nicht verbrannte, sollte ersticken. Dann verbarrikadierten sie die Türen von außen.

Man hat das Gebäude abgebrannt. Über dreitausend Menschen, darunter viele Frauen und Kinder, fanden einen qualvollen Tod in den Flammen."

Johannes stutzte: Tuma und Hagob – lebten sie nicht in Urfa? Er spürte einen Stich in der Herzgegend. Wenn die Berichte stimmten, wäre die Not dort grenzenlos! Wie gerne würde er sofort nach Urfa weiterreiten! Aber seine Zeit war knapp bemessen. Also nahm er brieflich Kontakt mit Corinna Shattuck auf, der Leiterin der amerikanischen Mission in Urfa, und sagte ihr die Unterstützung für fünfzig Waisenkinder zu. Außerdem würde er sich darum bemühen, in Deutschland Helfer und Finanzmittel für die Aufgaben in Urfa zu finden, um dort eine weitere, dringend benötigte Hilfsstation aufzubauen.

„Meine Sehnsucht nach Hause ist unerträglich geworden, James, aber jetzt müssen wir noch einmal nach Konstantinopel. Wir sollten nicht nach Deutschland zurückkehren, ohne den deutschen Botschafter Freiherr von Wangenheim besucht zu haben. Wir können für die Armenier nichts ausrichten ohne seine Unterstützung."

„Ich habe schon angefragt, wann das nächste Schiff abgeht. Wir sitzen hier acht Tage fest!"

„Soll das etwa ein aufgezwungener Erholungsurlaub werden?"

Kurz entschlossen nahm Johannes Lepsius das nächste Schiff nach Haifa.

Jerusalem! Wenn doch Maggie mit dabei wäre! Und die Kinder! Er fühlte sich wie ein Amputierter. Er konnte seinen Schwiegereltern nicht einmal berichten, dass es Maggie gut gehe, und wie oft wurde er auf der Straße gefragt: „Und wie geht es Maggie?"

Ach, wie mochte ihr es gehen?

Hannah Zeller verwöhnte ihren Schwiegersohn nach allen Regeln der Kunst, wie ferne Mütter es zu tun pflegen, wenn sie eine Gelegenheit bekommen …

Und seine Freunde, die Schnellers?

Theodor hatte jetzt die Leitung des Syrischen Waisenhauses übernommen. Auch er sorgte sich wie Johannes um das Schicksal der Armenier, und er hatte bereits Raum geschaffen und über hundert Waisen aufgenommen. Ludwig hatte in Bethlehem ein kleines „Syrischen Waisenhaus" eröffnet, und es würde schnell wachsen angesichts der Not in den armenischen Gebieten.

Über Beirut, Damaskus, Zypern, Rhodos und Smyrna kehrten Johannes Lepsius und James Greenfield nach Konstantinopel zurück, um dort den deutschen Botschafter aufzusuchen. Freiherr von Wangenheim versicherte ihnen, dass die deutsche diakonische Missionsarbeit nicht behindert würde, wenn auch die deutsche Politik sich grundsätzlich von einer Berührung mit der armenischen Frage fernhielt. Dieser Bescheid ließ sie mit zwiespältigen Gefühlen in die Heimat zurückkreisen.

Maggie, ihre Kinder und Friedrich, ihr Bruder aus Biesenrode, machten sich mit dem Pferdewagen auf den Weg nach Klostermansfeld. Eine Stunde brauchten die Pferde bis zu dieser nächsten Bahnstation. Dort lief fauchend und dampfend der Zug ein. Johannes war daheim bei den Seinen! Mit einem Gepäckstück war er abgereist, nun hatte er zwei dabei.

„Was ist da drin, Papa?", wollte Eleonore wissen.

„Ihr werdet es sehen!", antwortete er mit geheimnisvoller Miene – dabei wusste er es selbst nicht!

Was für eine gelungene Überraschung! Großmutter Hannah aus Jerusalem hatte dafür gesorgt, dass ihren Lieben in Friesdorf und Biesenrode für ein Weilchen die warme orientalische Sonne aufging.

„Feigenmarmelade! Hmm! Die wird euch schmecken, Kinder, sie ist sehr süß!"

„Und die braunen schrumpeligen Dinger?"

„Das sind Datteln, die sind sehr lecker, probiert mal – vorsichtig, sie haben einen langen Stein!"

„Und die Flasche?"

„Oh, Olivenöl, was ganz Feines!"

„Und die Bälle?"

„Das sind Orangen. Riecht doch mal – haben die nicht einen wunderbaren Duft? Sie kommen aus Jaffa. Nein, Alfred, nicht abbeißen, das sind keine Äpfel!" Maggie holte ein Messer, ritzte die porige Frucht ein paar Mal von oben nach unten ein und zauberte mit geschickten Handgriffen eine offene Seerosenblüte. Sie duftete aromatisch.

„Kann man denn den Ball in der Mitte essen?"

„Ja, das ist das Fruchtfleisch, und das teile ich jetzt in sechs Stücke."

Gespannte Aufmerksamkeit in fünf Augenpaaren begleitete Mamas Tun.

„Heute bekommt jeder ein Stück, und morgen schälen wir die nächste Orange."

„Und die Seerose?"

„Die teilen wir auch auf, dann hat jeder was zum Riechen."

„Was ist denn hier für eine feierliche Stille eingekehrt?" Johannes war in die Stube getreten.

„Es ist wie Weihnachten", sagte Maggie – sie hatte rote Wangen bekommen, „und ich habe tatsächlich ein bisschen Heimweh … Erzähl mal, wie geht es denn den Eltern?"

„Mutters Gelenkbeschwerden scheinen schlimmer zu werden. In Heluan in Ägypten hat man ihr offensichtlich nicht helfen können. Die Eltern tragen sich mit dem Gedanken, dass Mama nach Deutschland zurückkehrt. Sie haben mich gebeten, dass ich mich nach einer geeigneten Wohnung in unserer Nähe für sie umschaue."

„Mutter in unserer Nähe? Was für ein Glück! Aber die Trennung wird den Eltern schwerfallen – fünf Jahre sind doch eine lange Zeit!" So lange würde Maggies Vater bis zu seiner Pensionierung noch in Jerusalem bleiben.

Johannes zog sich bald ins Arbeitszimmer zurück. Es galt, keine Zeit zu verlieren und die Erfahrungen seiner Reise aufzuschreiben. Mit spitzer Feder verstand er aufzulisten, was sein Herz beschwert hatte. Mit den Veröffentlichungen, hauptsächlich in der konservativen evangelischen Zeitung, dem „Deutschen Reichsboten", würde er eine armenische Bewegung in Deutschland in Gang bringen. Sein Buch „Armenien und Europa", ein leidenschaftlicher Appell an die Verantwortung der europäischen „christlichen" Mächte, wurde 1897 ins Englische und Französische übersetzt und in Deutschland in dreizehntausend Exemplaren verbreitet.

Mit Pastor Lohmann verband ihn der feste Wille, ein armenisches Hilfswerk aufzubauen. Man einigte sich, zwei Komitees zu gründen, eins in Frankfurt unter Ernst Lohmann und eins in Berlin, in dem Johannes Lepsius als Sekretär die Verantwortung übernahm.

Aufruf des Deutschen Hilfsbundes zur Linderung des Notstandes in Armenien: 1896

Unter den Augen der Christenheit sind in den letzten Monaten im türkischen Armenien mehr als 100 000 Christen wehrlos hingeschlachtet, 2500 Dörfer geplündert und zerstört, 568 Kirchen, 77 Klöster geplündert und zerstört, 646 christliche Dörfer zwangsweise zum Islam konvertiert, 328 christliche Kirchen in Moscheen verwandelt, 170 gregorianische Priester und 21 protestantische Prediger um ihrer Weigerung willen, den islamischen Glauben anzunehmen, ermordet worden …

Darum rufen die unterzeichneten deutschen Männer das deutsche Volk ohne Unterschied der Konfessionen und politischen Überzeugungen auf, ein dem Untergang geweihtes christliches Volk, eine halbe Million ausgeplünderter, obdachloser, der Kleider, der Betten und des täglichen Brotes fast völlig beraubter menschlicher Wesen, Hunderttausende von Witwen und Waisen vor dem äußersten Elende und dem Hungertode erretten zu helfen.

Das Opfer der Barmherzigkeit, welches wir zur Linderung des Massenelends in Armenien erbitten, muss, gemessen an der Größe der Not, des deutschen Namens würdig sein."

Potsdamer Abendrunde

Dr. Störmer hat sein Zigarrenetui hervorgeholt. „Darf ich?"

Johannes reicht ihm den Aschenbecher. Der Gast schneidet das vordere Ende mit einem Zigarrenschneider ab, klopft den Glimmstängel ein paar Mal auf den Tisch, zündet das andere Ende an und zieht einige Male. Es ist, als wolle er ein wenig Zeit gewinnen, um das Gehörte zu verarbeiten. „Das war wahrlich ein unerhört mutiger und angesichts der politischen Lage heikler Schritt, verehrter Herr Dr. Lepsius."

„Die Reichsregierung, die Kirchenleitung und die Presse verharmlosten das Geschehene und teilten die amtliche türkische Darstellung, es habe sich lediglich um die Niederschlagung eines örtlichen Aufstandes gehandelt. Wirtschaftliche und politische Interessen des Deutschen Reiches in der Türkei ließen alle Anschuldigungen gegen die Türken als unerwünscht erscheinen. Aber der Zug, auf den ich aufgesprungen war, kam schnell in Fahrt. Von allen Seiten wünschte man Aufklärung, Artikel und Vorträge.

Die Reichsregierung wachte mit Argusaugen über den Veranstal-

tungen, dass sie ja keine politische Färbung annähmen. Als es dann aber doch passierte, dass der Redner – es war der armenische Professor Garabed Thoumajan – zu politisch wurde, geriet das aufstrebende Hilfswerk in Gefahr. Thoumajan bekam Redeverbot, während ich mit Müh und Not die Herren überzeugen konnte, dass es mir nur um humanitäre Hilfe für die Armenier ging."

„War der Professor Garabed Thoumajan in der Türkei nicht selbst zum Tode verurteilt?", will Renate wissen.

„Richtig, aber sein Schweizer Schwager hatte seine Begnadigung und Ausweisung erwirken können. Die deutschen Behörden beschatteten ihn, wenn er öffentlich auftrat, um das Militärbündnis mit der Türkei nicht zu gefährden.

Dann sollte Thoumajan wieder einmal zu Wort kommen, und die Leute strömten herbei, um ihn zu erleben. Ein Beamter des Innenministeriums hatte sich in einen Hinterraum gesetzt, der vom Vortragssaal nur durch einen Vorhang getrennt war. Er konnte jedes Wort mithören. Thoumajan aber trat gar nicht auf! Vorsichtshalber hatten wir ein anderes Programm vorbereitet und seinen Vortrag zum Verteilen gedruckt. Der Beamte bekam nicht mit, dass während des Vortrags das Papier von G. Thoumajan an die Hörer verteilt wurde."

„Das war ja ein wahres Räuberstück!", meint Armin Wegner.

Lepsius lächelt etwas verschmitzt und nickt. Dann wird er ernst.

„Ernst Lohmann aber war der Boden zu heiß geworden – er zog es vor, sich von mir zu trennen. So arbeiteten wir zukünftig getrennt weiter, für die gleiche Sache in unterschiedlichen Einsatzgebieten. Es entstanden in vielen Städten Armeniens große Waisenhäuser, die entweder von der DOM oder vom Hilfsbund Pastor Lohmanns getragen wurden."

73

Der Aufruf zur Linderung der Not in Armenien hatte seinen Zweck nicht verfehlt. Johannes war glücklich: Er hatte die Herzen der deutschen Christen bewegen können. Mit den Spenden, die ihm zuflossen, würde er eine Menge ausrichten können. Aber es kamen auch viele Anfragen für Vorträge.

„Die Flut der Anträge reißt nicht ab, Maggie, was sollen wir machen? Ich kann nicht ständig unterwegs sein und meine Gemeinde vernachlässigen. Soll ich bei der Leitung in Magdeburg um einen Vikar bitten? Ich würde ihn aus der Hilfswerk-Kasse selbst bezahlen. Für ein halbes Jahr müsste ich den Rücken freihaben für die Vortragsarbeit, danach wird sich alles wieder normalisieren."

„Für einen solch edlen Zweck kann eine Kirchenbehörde doch nur Verständnis haben", meinte Maggie voll Zuversicht. Aber sie irrte sich.

„Aus politischen Gründen haben sie abgelehnt!" Johannes war blass geworden, als er den Brief gelesen hatte. Er raufte sich die Haare. „Kann das ein Mensch begreifen!? Da wird ein christliches Volk brutal abgeschlachtet, und die Christen, die ihm beistehen könnten, verweigern ihre Hilfe und halten zu den Verfolgern – weil sie sich von diesen wirtschaftliche Vorteile versprechen. Wie tief sind wir gesunken!" Johannes rannte in der Küche hin und her.

Ohnmächtiger Zorn packte ihn. Er schämte sich zutiefst, ein Deutscher zu sein. „Das Waffenbündnis mit der Türkei gehört aufgelöst, und zwar sofort!" Maggie hatte ihren Mann noch nie so aufgebracht gesehen. Johannes war ein disziplinierter Mensch und konnte seine starken Gefühle sonst gut beherrschen. Nun aber lief ihm die Galle über.

„Das mache ich nicht mit, ihr werten Herren von der Kirchenleitung!", rief er drohend. Dann setzte er sich grübelnd an den Tisch. Jetzt schlug er mit der Faust auf das Holz. „Nein, hier hat meine Loyalität ihre Grenzen erreicht! Maggie, ich kündige meine Amt auf, es muss sein!"

Maggie war verstört. „Wie, was willst du?"

„Ich kann mit dieser Behörde nicht mehr arbeiten, es geht nicht weiter!"

„Ja, und was willst du denn tun?"

„Wir ziehen nach Berlin um, von dort aus kann ich das Hilfswerk besser leiten."

„Aber, wovon sollen wir denn leben, Johannes!?" Maggie hatte die Hände vors Gesicht geschlagen, als könnte sie der Wirklichkeit nicht ins Gesicht sehen.

Johannes legte seinen Arm um ihre Schulter. „Maggie, damals, als ich dich fragte, ob du mit mir durch dick und dünn gehen würdest …" Er stockte, musste nachdenken.

„ … da habe ich nicht geahnt, wie dick und wie dünn es kommen könnte", setzte Maggie fort. „Ich hatte nur ein großes, ein sehr großes ‚Ja'. An meinem Ja zu dir hat sich bis heute auch nichts verändert, und dass du immer mit dem Kopf durch die Wand gehst, davor hast du mich beizeiten gewarnt, aber jetzt, wo es so weit geht … Wie sollen wir denn das bloß schaffen, Johannes, wir werden bald das sechste Kind haben!? Eine achtköpfige Familie ohne sicheres Einkommen! Und unsere Friesdorfer, sie brauchen uns doch! Wir können sie doch nicht einfach verlassen!"

Johannes hatte sich wieder an den Küchentisch gesetzt und den Kopf in die Hände gestützt. Er suchte nach einem Trost für Maggie und fand doch keinen. So hatte auch er sich den Abschied von Friesdorf nie vorgestellt – wie eine Vertreibung aus dem Paradies.

Behutsam nahm er ihre Hand. „Weißt du noch, wie wir einmal ein Lilienfeld in der Nähe Jerusalems bewunderten? Du erklärtest mir, dass die roten Anemonen, die so reich blühten, diese Lilien seien, von denen Jesus in der Bergpredigt redet. Wie drückt er das so schön aus? Etwa so: ‚Wenn Gott schon das Gras, das irgendwann verdorrt und verbrennt, so wunderbar kleidet, sollte er das nicht uns Menschen viel mehr tun?‘ Gottvertrauen können wir nur einüben, wenn wir selbst nicht mehr weiterwissen.“

Maggie nickte: „Ja, die Bergpredigt habe ich immer sehr geliebt. Jetzt spüre ich, dass die Einsicht noch nicht vom Kopf ins Herz gerutscht ist. Ach, mein Gottvertrauen war nicht immer so hauchdünn wie jetzt, ich glaube, das liegt an meinem schwachen Zustand.“

„Wir kommen bald in die Schweiz, da wird Frau Dr. Zürcher dich gründlich untersuchen. Du brauchst dringend eine Erholung, Maggie – und ein geeignetes Klima zum Gesundwerden. Der Kurort Nervi bei Genua wurde uns ja empfohlen. Ich werde dich dorthin bringen, damit du wieder zu Kräften kommst. Sorge dich nicht um den Umzug, den kann ich gut auch alleine bewältigen.“

Eine Weile schwiegen die beiden, dann nahm Maggie das Gespräch wieder auf: „Mir gefällt nicht, dass du dich so bald wieder von Ernst Lohmann getrennt hast. Hättet ihr eure Meinungsverschiedenheiten nicht anders lösen können? Eine so große Aufgabe sollte man nicht alleine anpacken! Ich habe wirklich Angst, dass du dich übernimmst.“

„Ernst Lohmann gefällt mein politisches Engagement nicht. Aber soll ich deshalb darauf verzichten? Das kann ich nicht! Ich bin doch auch als Christ ein Staatsbürger, und ich liebe mein Vaterland und möchte ihm dienen! Für politische Entgleisungen fühle ich mich mit verantwortlich!

Mit Ernst Lohmann und mir ist das so wie mit den Feigen- und Ölbäumen, die sich gegenseitig um die Erträge bringen. Pflanzt man sie auseinander, bringen beide gute Früchte. Ich glaube, es ist besser so. Wir arbeiten in unterschiedlichen Projekten, und letztendlich kommt für die Armenier das Doppelte dabei heraus. Wir haben nun sieben Stationen aufgebaut, und Ernst Lohmann ebenfalls, ist das nicht wunderbar?"

„Ernst Lohmann wird es leichter haben, Mitarbeiter zu finden und die finanziellen Mittel aufzutreiben, er hat in den Gemeinschaften ein gutes Hinterland, das werden wir so nicht haben."

„Ja, so ist es, und damit ist unser Gottvertrauen herausgefordert, es kann nur in solchen Situationen wachsen."

In dieser Zeitspanne passierte viel, so unglaublich viel … Es war, als wäre eine Lawine losgegangen, und sie war nicht aufzuhalten. Dreizehn europäische und sechs armenisch-syrische Mitarbeiter übernahmen Leitungsfunktionen in sieben neu errichteten Werken im Armeniergebiet. Allein in Urfa waren drei Waisenhäuser für dreihundert Kinder entstanden, eine Klinik, eine Apotheke, ein Kinderkrankenhaus und eine Teppichfabrik mit den Webstühlen aus Friesdorf.

Bitterer Abschied

Die Untersuchung in der Schweiz schloss eine Tuberkulose ganz aus. Eine Brustfellentzündung jedoch war wahrscheinlich, und sie könnte sich leicht wiederholen. Die Ärztin warnte Maggie vor jeder Überanstrengung, verordnete viel Aufenthalt im Freien und gutes Essen. Von Nervi, ihrem Kurort, schrieb Maggie: „Solange diese Verordnungen unserem Dienst nicht hinderlich sind, können wir uns ja danach richten."

Johannes versprach sich vom Umzug nach Berlin mehr Ruhe für seine Frau. Er selbst würde mehr zu Hause sein können.

Maggie bestand darauf, dort die Korrespondenz in arabischer Sprache zu übernehmen. Sie war die Seele des großen Unternehmens und freute sich über jeden Fortschritt. Ihre Freundschaft zu Tuma, die seit einiger Zeit keine Briefe mehr schrieb, war für sie auch ein entscheidender Grund, sich ganz für die Sache einzusetzen. Immer wieder sagte sie beunruhigt, sie wolle wissen, was aus Tuma und ihrer Familie geworden sei. Oft arbeitete sie nachts, bis sie am Schreibtisch einschlief. Es war nicht zu übersehen, wie sie immer schwächer wurde. Es war ja auch wieder ein Kind unterwegs.

Johannes suchte Entlastung für sie und fand in Richard Schäfer einen verlässlichen Mann, dem er die Bürogeschäfte übergeben konnte und der ihm bis zuletzt treu zur Seite stand.

Eines Morgens sagte Maggie: „Ich hatte diese Nacht einen Traum. Ich saß auf einem Kamel und ließ mich durch die Wüste schaukeln. Es war so gemütlich da oben, und ich genoss es sehr, weil ich vom Laufen müde war. Da kam eine große Menge Menschen angerannt, die stoppten mich und gestikulierten wild, ich solle schnell heruntersteigen, sie würden das Kamel dringend brauchen. Sie waren offensichtlich in Not, ihre Augen waren groß – ach, und Tuma war auch unter ihnen. Alles Armenier! Ich rutschte im Nu herunter von dem Tier, sie nahmen es und liefen schnell mit ihm fort. Ich hockte im Sand unter der sengenden Sonne, blieb allein in der Wüste und war unendlich erschöpft. Da wurde ich zum Glück wach. Ich bin nass geschwitzt."

Mit letzter Kraft brachte Maggie im Juni 1898 den kleinen Josua zur Welt. Danach stellte der Arzt „Schwindsucht" fest.

Johannes machte sich große Sorgen. „Du brauchst mehr Ruhe, Maggie. Sollen wir unsere beiden Kleinen nach Wernigerode zu Mutter bringen? Sie hat dort die schöne, praktische Wohnung bezogen. Sicherlich ist sie gerne bereit, uns zu entlasten – es geht um dich, dass du gesund werden kannst."

Gerne stellte Hannah Zeller sich zur Verfügung. Aber es war bereits zu spät. Im Oktober erreichte die Mutter in Wernigerode die Nachricht, es gehe mit Maggie zu Ende und sie wolle noch einmal ihre Kinder sehen. Sofort reiste sie mit den beiden Kleinen ab, um wieder einmal Abschied zu nehmen – und diesmal war es ein endgültiger Abschied, verbunden mit einem tiefen Schmerz. Sie blieb bei Maggie, Johannes und den Kindern, bis sich für Maggie das Tor zur anderen Welt geöffnet hatte.

Potsdamer Abendrunde

„Es war ein großer Schlag für uns. Die Kinder waren noch so klein! Wir hatten uns zwar auf einen endgültigen Abschied eingestellt, aber als er dann kam, war es so unwirklich für uns alle. Nichts war mehr, wie es einst gewesen war. Renate war erst zwölf Jahre alt, und Josua, unser Jüngster, vier Monate jung, und zwischen ihnen waren noch vier, Eveline, Eleonore, Alfred und Gerhard."

Renate ist ruckartig aufgestanden und hat den Raum verlassen. Die Erinnerung an diese schwere Zeit ist ihr unerträglich. Vor der Tür atmet sie tief durch und schaut sich um. Da entdeckt sie im Treppenhaus die kleine Stiefschwester.

„Corinna, was machst du hier so spät? Du solltest längst schlafen!"

„Ich kann nicht!"

„Was ist los?"

„Papa hat einem Mörder geholfen – das ist doch nicht richtig! Warum hat er das getan?" Renate setzt sich neben Corinna auf die Treppenstufe. „Ja, du hast recht, eigentlich gehören Mörder ins Gefängnis, sie müssen bestraft werden. Aber dieser Mann hat einen millionenfachen Mörder erschossen. Der hatte die ganze Familie dieses jungen Mannes umgebracht, seine Eltern, Geschwister, Onkel, Tanten, Cousinen und Cousins. Salomon hat das natürlich nicht verkraftet. Er wurde krank vor Kummer, war auch verwirrt, und er wusste nicht, was er tat, als er schoss."

„Wie kann denn ein Mann Millionen Menschen ermorden?"

„Er war der türkische Innenminister. Er hatte viel Macht, und ein ganzes Heer von Soldaten hat ihm dabei geholfen."

„Warum?"

„Weil sie alle Angst vor ihm hatten – und weil sie gegen die Armenier aufgewiegelt worden waren. Manche haben sich geweigert, die mussten auch sterben."

„Waren die Armenier denn ein böses Volk?"

„Nein, sie waren sehr tüchtige und fleißige Leute, der Sultan hatte Angst, sie könnten ihm zu stark werden, angeblich deshalb wollte er sie loswerden – aber es gab auch andere Gründe."

„Und welche?"

„Die Armenier waren nicht beliebt, weil sie erfolgreich und deshalb auch reich waren – die Türken waren neidisch und mochten sie deshalb nicht."

„Jetzt kann ich erst recht nicht mehr schlafen."

„Dann bleibst du eben wach und kannst dich eine ganze Nacht lang freuen und stolz sein, dass dein Papa vielen Armeniern das Leben gerettet hat. Du weißt, er schreibt viele Briefe und Bücher und Artikel und immer wieder verreist er …"

„Und hat nie Zeit für mich … Angela und Veronika sagen das auch!"

„Er arbeitet so fleißig, um den Ärmsten zu helfen!"

„Waren wir deshalb auch so lange in Holland?"

„Ganz richtig, das war der Grund – und weil Papa krank war."

Corinna seufzt tief, dann steht sie langsam auf und geht ins Mäd-chenzimmer, wo Viola und Angela schon lange fest schlafen.

Unterwegs in Armenien

APRIL BIS DEZEMBER 1899

Johannes nahm nicht nur von seiner geliebten Maggie Abschied. Zwei Monate später starb seine Mutter, und kurz darauf musste er auch den kleinen Josua zu Grabe tragen.

Hilfreiche Frauen kümmerten sich um den verwaisten Haushalt. Äußerlich lief alles leidlich gut weiter, aber natürlich war Maggie nicht einfach zu ersetzen. Ohne seine Frau, mit der er alles besprochen, alle Sorgen und Lebensentwürfe geteilt hatte, fühlte Johannes sich wie seelisch amputiert. Die Trauer forderte ihr Recht, aber konnte er sich ihr ausliefern? Es gab Arbeit im Übermaß! Wollte er sie anpacken, müsste er die eigenen Bedürfnisse vergessen.

Zerrissen zwischen seinem inneren Auftrag und der Sorge um die Kinder bereitete er sich auf eine lange Reise vor. Diese war längst überfällig: eine umfassende Inspektion seiner neu errichteten Hilfswerke, und die Beobachtung der allgemeinen und religiösen Entwicklungen in den Gebieten Nordpersien, Armenien, Kurdistan, Mesopotamien, der Levante und Bulgarien.

Für ein solch umfangreiches Unternehmen brauchte es viel Zeit – und einen guten Begleiter. Pastor Johannes Awetaranian, ein Konvertit aus dem Islam, kannte sich bestens in den Gebieten aus, die bereist werden sollten. Außerdem hatte er sowohl islamische als auch christliche Theologie studiert. Die Massaker schienen zur Ruhe gekommen zu sein, und für die Reisenden stand nun wieder die Frage im Vordergrund, ob die Zeit gekommen sei, sich intensiver um die christlich-muslimische Begegnung zu kümmern.

Zum ersten Mal sollte Johannes Lepsius auch Urfa, das alte Edessa, besuchen, den Ort, für den er in Deutschland fieberhaft gearbeitet hatte. Er würde dort seinen Freund Franz Eckart und dessen junge Familie begrüßen. Der engagierte Lehrer aus Friesdorf hatte schon in der Heimat beim Aufbau der Teppichmanufaktur geholfen, und nun stand er auch in Urfa bereit, um die ungelernten Arbeiterinnen anzuleiten. Seine Frau Emma war Zeichnerin im Industriewerk. Die beiden hatten sich in Urfa kennengelernt und geheiratet. Inzwischen waren sie mit den Kindern Johanna und Johannes eine glückliche Familie.

Johannes Lepsius und sein Begleiter waren seit fünf Monaten in den armenischen Gebieten unterwegs und bereits tagelang auf dem Pferderücken, als sie den Euphrat erreichten.

„Bis Urfa kann es nicht mehr weit sein, höchstens drei Tage", sagte der Führer. Aber so weit das Auge sehen konnte, erblickte es nur kahle Berge, karge Hänge, weite Ebenen. Der Anblick der Berglandschaft weckte in Johannes den Wunsch, fliegen zu können. Stattdessen musste er sich Meter für Meter mühsam erkämpfen, und einige Male wäre er beinahe im Sattel eingeschlafen. Geduld war nach wie vor nicht seine Sache, aber Geduld tat not. Endlich, hinter einem Bergkamm änderte sich das Bild – dort unten lag sie im rötlichen Abendlicht, die alte Stadt, für deren Menschen er Tag und Nacht im Einsatz gewesen war. Gemeinsam mit den treuen Spendern hatte er hier Großes aufgebaut: Drei Waisenhäuser, eine Klinik, eine Apotheke und ein Industriewerk, und in ihm regte sich leise ein Gefühl wie Heimkommen.

Es dauerte noch eine ganze Weile, bis die Reiter im Abenddunkel in den Gassen der Stadt ankamen. Dort wurde es zuweilen so eng, dass ihre Beine die Hauswände zu beiden Seiten berühren konnten. Diese Häuser! Waren das menschliche Behausungen? Sie standen sich feindlich gegenüber, ihre Fensteraugen blickten verschlossen, nicht einladend wie in Europa. Sie schienen zu sagen: „Haltet euch fern, wir werden uns zur Wehr setzen, solltet ihr versuchen einzudringen!"

Die Hufe der Tiere berührten Schmutz, Abwasserpfützen, Geröll und hin und wieder einen Tierkadaver – der nächste Regen würde hoffentlich ein wenig Abhilfe schaffen. Von den Minaretten ertönten die Rufe der Muezzins, wie ein Klangteppich schwebte der Gesang über der Stadt. Neugierige Kinder folgten dem kleinen Tross, und der Schweif verlängerte sich an jeder Straßenecke.

„Shattuck – Shattuck?", fragten die Kinder. Sie kannten also alle die Leiterin der Amerikanischen Mission, die in Urfa eine große Schule aufgebaut hatte. „Shattuck – Shattuck?"

Lepsius schüttelte den Kopf. So viel hatte er bereits gelernt, dass die Bejahung mit Kopfschütteln, die Verneinung mit Nicken zum Ausdruck gebracht wurde. Bald würde er dieser legendären alten Dame gegenüberstehen, mit der er bisher nur korrespondiert hatte. In den Tagen der Massaker hatte sie sich schützend vor Hunderte von Armeniern gestellt, im Schutz des amerikanischen Sternenbanners, gewiss, aber mit Mut und Würde. Ganz allein hatte sie da gestanden, vor dem Tor des „American Board", und hinter ihr die große, verschreckte Herde verzweifelter Menschen – und die Schergen hatten sich nicht getraut … Dann war sie auf der leichenumsäumten Straße mutig zur Polizeistation gelaufen und hatte dem Mutessarif mit Nachdruck Brot für die Überlebenden abverlangt – und er hatte es ihr nicht abschlagen können.

„Dr. Lepsius? Pastor Awetaranian? Sie sind herzlich willkommen!"

Die zarte, kleine Person mit dem silbernen Haar und dem braunen, faltigen Gesicht hatte die müden Reiter kommen sehen. „Gott segne Sie, dass Sie hierhergekommen sind! Nun brauchen Sie zuerst ein gutes Bett und natürlich eine Dusche. Ich geleite Sie zur deutschen Station, Sie werden dort schon ungeduldig erwartet."

Der nächste Morgen begann mit neuer Energie und großer Neugierde. Schon früh machte sich Dr. Lepsius, der Besitzer der Teppichfabrik, auf den Weg. Da standen sie in einem alten Gewölbe, seine ihm vertrauten Knüpf- und Webstühle aus Friesdorf. Frauen mit ernsten Gesichtern und dunklen, schwarzen Augen richteten ihre Blicke auf ihn, während unter ihren geschickten Händen farbenfrohe Muster entstanden. Im Nebenraum stampften und knarrten gusseiserne Maschinen und Apparate. Männer mit orientalischer Kopfbedeckung und pechschwarzen Bärten bedienten sie mit geübten Handgriffen.

„Das Industriewerk wird hoffentlich ein guter Erfolg", sagte Franz Eckart, der plötzlich neben Johannes stand. „Mein Erfahrungsvorsprung aus Friesdorf hat uns hier in Urfa einen guten Start beschert."

Vom Dach des großen Hauses, der siebzig Meter langen sogenannten Masbane, konnte Johannes sich mithilfe Franz Eckarts einen Eindruck von der berühmten Stadt verschaffen. Franz Eckart erklärte ihm alles: Das historische Stadttor, die mächtige Karawanserei, den achteckigen Turm als Wahrzeichen der Stadt, die Abrahams-Moschee mit ihrem heiligen Teich, und schließlich die rauchgeschwärzten Außenmauern der abgebrannten Kirche als Zeugen jenes Infernos zu Ehren Mohammeds.

„Die Mörder sangen Loblieder für ihren Propheten, während die Leute drinnen in den Flammen zugrunde gingen!"

Johannes wies mit der Hand auf einen lang gestreckten, künstlich anmutenden Hügel, der im Morgenlicht einen breiten Schatten warf. „Was ist denn das?"

„Das sind die Opfer von 1895. Hauptsächlich Männer und Burschen. Sie ruhen hier im Massengrab. Aber sie sind nicht still", sagte Franz. „Sie begegnen uns tagtäglich in den Worten der Angehörigen, in den Augen der verwaisten Kinder, in der Angst unserer Patienten."

„Und die weiße Schlange dort hinten?"

„Das sind unsere Waisenkinder auf dem Weg zur Schule." Wie eine riesige Raupe bewegte sich ein Zug von ungefähr zweihundert Kindern, weiß gekleidet in der Farbe der Trauer, langsam und diszipliniert auf die amerikanische Schule zu.

„Die Leute sagen ‚Lepsiuskinder', wenn sie die Waisenkinder meinen. Manche von ihnen waren so klein, als die Eltern umgebracht wurden, dass sie ihren Familiennamen nicht wussten. Sie heißen nun mit Nachnamen ‚Lepsiusian'. Die Kinder leben in drei angemieteten Häusern an der Stadtmauer. Miss Shattuck hat sie, sobald die Geldspende aus Deutschland ankam, aufgenommen. Jetzt ist sie froh, dass wir Deutschen uns selber um sie kümmern können – es war höchste Zeit, dass wir kamen!"

Im Klinikhof war Hochbetrieb. Die beiden Schweizer Mitarbeiter, Dr. Christ und Diakon Künzler, verabreichten den Kranken Medikamente und Spritzen und legten Verbände an. Der Tag würde heiß werden. Die Zahl der Wartenden war unübersehbar groß.

„Es kommen immer mehr Muslime zur Behandlung", erklärte der Arzt. „Sie sind uns willkommen, aber manchmal ist das für uns schwierig. Im Krankensaal brüstete sich neulich ein Kurde damit, dass er zehn Christenkinder abgeschlachtet habe. Eine junge Krankenschwester erkannte eines Tages in einem Patienten den Schergen wieder, der ihre Eltern ermordet hatte. Wir mussten sie beurlauben, bis der Patient entlassen war."

Im Hof des Waisenhauses spielten ein paar noch nicht schulpflichtige Kinder. Johannes Lepsius schaute nach ihnen. Sie spielten mit Steinen, bauten „Häuser", ganze „Dörfer", und hüteten eine „Ziege" in Gestalt einer lebenden Katze. Johannes beobachtete das fantasievolle Treiben mit Vergnügen.

Ein Kind kam auf ihn zu und lächelte ihn fragend an. Johannes setzte sich auf eine kleine Mauer, winkte den Jungen im grauen Kittel zu sich und klopfte sich auf die Oberschenkel. Schwups, war sein Schoß besetzt. Das Kind ließ sich gerne lieb haben, genoss die kleine Zärtlichkeit und bedankte sich mit verklärt dankbarem Blick. Die Kinderschar hatte sich um den Fremden versammelt.

Ein kleines Spiel mit den Händen begann. Es entwickelte sich einfach ohne Worte, und jedes Kind wollte auch einmal mitspielen und lachen. Ein Mädchen mit traurigen Augen hatte sich schüchtern genähert. „Du auch?" Sie schüttelte den Kopf – das hieß „ja", und auch sie legte ihre kleine rechte Hand auf Johannes' Oberschenkel. Er nahm ihr Händchen in seine große Hand und betrachtete sie.

Eine Hand mit sechs Fingern hatte er bisher nie gesehen. Die Kinder schienen seine Gedanken zu erraten. „Goliat", sagte ein Junge verschmitzt. Alle lachten und freuten sich. Pastor Awetaranian war hinzugekommen.

„Wieso Goliat?", fragte er

„Goliat hatte auch sechs Finger", brüstete sich der Junge.

„Wer sagt denn so was?"

„Der Lehrer in unserer Kirche hat uns die Geschichte erzählt!"

„Habt ihr denn Lust, die Geschichte von Goliat zu spielen?"

Die Kinder jubelten. Sie zerrten ihren „Goliat" herbei für
die Hauptrolle, aber die Kleine wehrte sich leidenschaftlich.

„Du hast recht, du bist kein Goliat, niemand darf dich so
nennen. Wie heißt du denn richtig?"

„Rebecca", flüsterte das Kind.

„Und wie weiter?"

„Lepsiusian."

„Du hast einen wunderschönen Namen, Rebecca."

Die Kleine lächelte verlegen, dann blitzte Triumph aus ihren
Augen: Ihr verhasster Spitzname hatte sich plötzlich aufgelöst.

„Also gut, ich bin der Goliat", erklärte Johannes, „ich bin ja
auch größer als ihr, und wer will schon gerne so ein böser Mann
sein?"

Als Johannes „tot" umfiel, war das Jubelgeschrei groß, und er
hatte die Herzen der Kinder erobert.

„Pastor Lepsius! Badvelli Lepsius!", hörte man von nun an
hinter ihm herrufen, wenn er sich draußen zeigte. Den Kindern
war nicht verborgen geblieben, mit welch großer Ehrerbietung
die Erwachsenen dem fremden Gast begegneten.

Johannes beriet von morgens bis abends mit den leitenden Mitarbeitern. Vieles gab es zu bedenken, Verbesserungsvorschläge
zu erörtern. Sollte man die „Millet-Chan", die alte Karawanserei am Samsottor erwerben? Der jetzige Platz reichte bei
Weitem nicht mehr für die wachsende Arbeit. Wie könnte man
Wohnraum für die Mitarbeiterfamilien schaffen? Wie sollte der
Heimaturlaub von Franz Eckart gestaltet werden? Die Familie
würde sich trennen müssen, weil die Kinder für einen Ritt über

das Gebirge viel zu klein waren – und Franz Eckart wurde dringend in Deutschland erwartet, weil die Gemeinden auf Nachrichten aus erster Hand brannten. Das Industriewerk belastete das Gesamtbudget und warf noch keinen Gewinn ab. Aber es war für die Zukunft wichtig, denn die Waisenkinder würden in einigen Jahren einen Arbeitsplatz benötigen.

Die Sorge um die nackte Existenz der überlebenden Armenier stand im Vordergrund aller Überlegungen. Täglich kamen viele Leute mit ganz unterschiedlichen Anliegen zur Missionsstation, immer in der Hoffnung, praktische Hilfe zu bekommen. Vielen war mit einem Kleidungsstück und Lebensmitteln zunächst einmal geholfen, aber es gab auch größere Probleme. So beriet ein armenisches Hilfskomitee, wie der Not im Einzelnen zu begegnen sei. Ein Silberschmied, dem der gesamte Besitz geraubt worden war, freute sich über ein einfaches Werkzeug, mit dem er neu anfangen konnte. Ein Kupferschmied wollte gerne wieder arbeiten, aber man hatte ihm die Hand abgehackt. Er wurde an einen verwundeten Kollegen vermittelt, dessen Hände noch gesund waren. Gemeinsam konnten sie mit einem kleinen Anfangskredit einen neuen Kleinhandel beginnen. Die Spenden aus Deutschland, mit Weisheit verwaltet, konnten hier und da Hilfe zur Selbsthilfe leisten und so die schlimmste Not lindern.

Johannes Lepsius hatte aber auch Grund zum freudigen Staunen: Die Armenier kamen nicht nur, um ihre Hände aufzuhalten, sondern auch, um ihr Scherflein zu bringen. Arme spendeten für Bettelarme. Eine junge Frau, soeben verheiratet, brachte einen Teil ihres Brautschmucks. Ein früher gut situierter Armenier bot sein prächtiges Haus als Wohnsitz für Waisenkinder an. Er hatte seine gesamte 21-köpfige Großfamilie verloren.

In den Bibelstunden und Gottesdiensten, die an mehreren Wochentagen in der armenischen Kirche stattfanden, suchten die Menschen Trost und Halt. Da war Pastor Awetaranian, der vertrauenerweckende Geistliche, hochwillkommen, und er nahm seine Aufgabe mit viel Liebe wahr. Den zahlreichen Einladungen in private Häuser konnte er nur zum Teil nachkommen. Er wurde nicht nur von Armeniern eingeladen; auch Türken öffneten ihm das Haus und hörten auf seine Botschaft der Versöhnung, so wie einzelne Türken auch versuchten, das geschundene armenische Volk durch Spenden an die Mission zu unterstützen.

Spätabends saß Johannes Lepsius an seinem Schreibtisch. Im Lichtschein der Spirituslampe brachte er zu Papier, was ihn bewegte: Theologisches, Politisches, Erlebtes. Die Förderer und Freunde seines Hilfswerks warteten auf aktuelle Nachrichten aus der armenischen Welt.

Als der Abreisetag gekommen war, begleitete ein langer Tross von Fußgängern die lieb gewordenen Gäste auf ihren Pferden bis weit vor die Stadt.

Geschichten des Vaters – Weihnachten 1899

Pünktlich zum Weihnachtsfest kam Johannes wieder in Berlin an. Tief hingen die Regenwolken über der Kaiserstadt. Acht Monate war er fort gewesen, eingetaucht in eine völlig andere Welt. Jetzt erwartete ihn die Trauer. Sie kroch ihm kalt aus allen Winkeln entgegen. Niemand war da, der seine Fragen und Erlebnisse mit ihm teilen würde. Sein Vaterherz fühlte sich schuldig. Er schloss seine Kinder in die Arme und merkte erst jetzt, wie unbelastet er mit den fremden Kindern hatte spielen und lachen können.

Jetzt, am Abend, war das Haus endlich zur Ruhe gekommen, die Kinder schliefen. Die Haushälterin, „Tante Luise", hatte sich verabschiedet. Die erste ungestörte Nacht nach acht Monaten, zu Hause im eigenen Bett, würde sie zu schätzen wissen.

Johannes lief unruhig durch die Räume, auf der Suche nach Maggie. So viel lag ihm auf dem Herzen, wie sollte er das nur loswerden?

Da stand ihr Fotoalbum! Er nahm es, blätterte darin und betrachtete die Fotos: Friesdorf-Idylle, die kleine Kirche, das Pfarrhaus. Franz Eckart vor dem Eingang der Teppichmanufaktur, die Teppichknüpferinnen. Missionsfest am Waldrand.

Plötzlich schauten ihn armenische Gesichter an. „Tuma und Hagob mit Wahan und Rebecca. Urfa im November 1894", hatte Maggie eingetragen. Ja, so sahen sie aus, die Menschen in Urfa, nur ärmlicher gekleidet und mit viel Trauer in den Gesichtern. Er nahm das Foto aus dem Steckalbum, da fiel ein gefaltetes Blatt herunter. Er las: *„Liebe Maggie, ich schicke Dir unser neuestes Bild. Am 3. September wurde die kleine Rebecca geboren. Sie ist ein süßes und liebes Mädchen. Und denke Dir, sie hat sogar etwas Besonderes: Sie besitzt sechs Finger an der rechten Hand! Vielleicht wird sie einmal eine gute Klavierspielerin. Es gefällt mir gut bei den Schwiegereltern in Urfa, Hagob hat eine eigene Schreinerwerkstatt eröffnet. Er ist sehr fleißig.*

Vergiss uns nicht, ich liebe Dich, Deine Tuma."

„Maggie, du hast es immer geahnt", flüsterte er. „Es stimmt. Sie sind umgekommen. Aber die Kleine lebt! Und ihr Bruder vielleicht auch. Ich werde mich kümmern – gleich morgen! Jetzt bin ich todmüde – und trostbedürftig! Meine Kraft reicht nur noch für ein Lied." Im Musikzimmer pflegte Johannes seine starken Gefühle auszudrücken.

Manchmal erwachten die Lepsius-Kinder nachts, wenn leise Klaviermusik durch die Wände und Türen drang. Dann wussten sie, dass Papa nun Feierabend machte – oder eine Pause am

Schreibtisch, um sich zu erholen. Es war schön, einen Moment zu lauschen und dann wieder einzuschlafen.

Eveline, die Neunjährige, stand jetzt leise auf. Sie kannte den Choral, mit dem Papas kräftige Baritonstimme das stille Haus eroberte.

> „Dies ist die Nacht, da mir erschienen
> des großen Gottes Freundlichkeit;
> das Kind, dem alle Engel dienen,
> bringt Licht in meine Dunkelheit,
> und dieses Welt- und Himmelslicht
> weicht hunderttausend Sonnen nicht.
>
> Lass dich erleuchten, meine Seele,
> versäume nicht den Gnadenschein …"

Seine Stimme brach plötzlich ab. Johannes zögerte und seufzte tief. Da sang hinter ihm ein feines Kinderstimmchen weiter:

> „… der Glanz in dieser kleinen Höhle
> streckt sich in alle Welt hinein;
> er treibet weg der Höllen Macht,
> der Sünden und des Kreuzes Nacht."

„Eveline, du bist ja noch wach!"

„Ich kenne das Lied, Papa, das haben wir in der Schule gelernt. Die Strophe mit Sonne, Mond und Stern kommt jetzt, die mag ich am liebsten."

„Komm, dann singen wir sie zusammen."

Eveline setzte sich auf Papas Schoß, dem sie eigentlich längst entwachsen war.

> „In diesem Lichte kannst du sehen
> das Licht der klaren Seligkeit;

wenn Sonne, Mond und Stern vergehen,
vielleicht noch in gar kurzer Zeit,
wird dieses Licht mit seinem Schein
dein Himmel und dein Alles sein."

„Ich kann auch die nächsten Strophen noch!"

„Willst du sie uns zum Fest singen – als Überraschung? In zwei Tagen feiern wir Weihnachten, da ist das Licht auf die Welt gekommen."

„Ja, und du bist wieder bei uns, endlich!" Eveline schlang ihre Arme um den Vater und hielt ihn lange fest. Ihr kleiner Körper auf seinem Schoß fing an zu beben. Sie weinte – und half ihm, endlich den Weg zu seinen Tränen zu finden.

Das zweite Weihnachtsfest ohne Maggie würde bescheiden ausfallen, finanziell sowieso, und gefühlsmäßig? – Ach ja.

„Du bist der Vater, Johannes, du wirst den Kindern das Fest erträglich machen – vergiss für ein paar Stunden deine Geschäfte", hatte Friedrich Zeller in seinem Geburtstagsgruß zum 15. Dezember geschrieben. Sein Schwager war immer noch sein bester Freund. Er konnte sich vorstellen, wie es Johannes mit den vielen schweren Eindrücken aus Armenien erging. Sicherlich würde er einige Zeit brauchen, um richtig zu Hause anzukommen.

Johannes hatte seine kleine Hausgemeinde zur Andacht versammelt. „Tante Luise", die sich rührend um die verwaisten Kinder gekümmert hatte, war auch mit dabei. Evelines Lied war verklungen, Alfred hatte ein kleines Gedicht aufgesagt, Renates selbst gebackene Lebkuchen waren auf dankbare Abnehmer gestoßen. Eleonores Strohsterne bewegten sich in der Wärme der Kerzen am Weihnachtsbaum. Gerhard, der Jüngste, hatte den Jutesack mit den frischen Orangen aus Konstantinopel geleert und die duftenden Früchte verteilt.

Nun schauten die Kinder ihren Papa erwartungsvoll an.

„Ich habe euch viele Geschichten aus der Türkei mitgebracht, wollt ihr sie hören?"

Die Kinder rückten auf dem Sofa eng zusammen, Alfred und Gerhard setzten sich auf den Teppich, so dicht wie möglich an Papas Sessel. Seine Geschichten waren immer so spannend!

„Ich war auf meiner Reise in einer Stadt, die Urfa heißt. Sie ist ganz weit weg." Johannes zögerte einen Moment. Wie sollte er seine Botschaft verpacken? Die Kinder sollten verstehen, warum er so lange weggeblieben war, aber wie könnte er es ihnen schonend sagen?

„In dieser Stadt gibt es eine riesengroße Kirche, da passen mehr als zweitausend Leute rein. Sie ist aber zerstört worden – das war vor vier Jahren. Vor vier Jahren, kurz nach Weihnachten, ist in Urfa etwas Schlimmes passiert …"

Gebannt verfolgten die Kinder die lange, ausführliche Erzählung des Vaters über die leidvollen Vorgänge in Urfa, über die Folgen und den Aufbau des Hilfswerks. Johannes bemühte sich, die Kinder nicht mehr als nötig zu erschrecken, aber die Wahrheit konnte und wollte er ihnen nicht vorenthalten.

Plötzlich stand Tante Luise auf und verschwand in der Küche, wo sie ihre Empörung geräuschvoll am Geschirr ausließ. „Dieser Mann! Hat er kein Herz? Da zerbreche ich mir acht Monate lang den Kopf, wie ich den Kindern weiteren Kummer erspare, und dieses Trampeltier …" Tante Luise stocherte wütend im Herd, wodurch das Feuer kräftig zu lodern begann. Erst während sie die Bratäpfel vorbereitete, kam sie langsam wieder zur Ruhe. Sie schüttelte den Kopf. „Und das zu Weihnachten, zum Fest der Liebe, wo jeder sich nach Frieden sehnt und sich mal freuen will. Kaputt hat er es gemacht – und so was in einem frommen Haus! Nee, nee!" Sie wischte sich mit dem Arm über die Augen. Aus dem Wohnzimmer kam kein Mucks.

Als Johannes fertig war, sagte er: „Und jetzt erzähle ich euch noch eine besondere Geschichte, und die ist erst zwei Tage alt", und er holte Maggies Fotoalbum.

Alfred saß mit offenem Mund da. Sprachlos hörten die Kinder die Geschichte von der kleinen Rebecca an. Dann kam Leben in die kleine Gesellschaft. Für die Kinder war die Sache sonnenklar: Rebecca und vielleicht auch ihr Bruder Wahan, die Kinder von Mamas bester Freundin, lebten in diesem großen Waisenhaus, für das ihr Papa so lange unterwegs gewesen war.

Alfred sagte: „Wir leben auch in einem Waisenhaus, wenn Papa weg ist! Aber wir sind nur fünf Kinder!"

„Und wir haben Matrosenkleider, keine langen weißen Sackkleider!", ergänzte Lore.

„Und wir müssen nicht jeden Tag Graupensuppe essen!"

Der kleine Gerhard hatte sich auf Papas Schoß gekuschelt und sich fest an ihn geschmiegt. Heute war Papa aber da, und das war die Hauptsache.

Tante Luise öffnete vorsichtig die Tür einen Spalt. „Sind Sie fertig?", fragte sie spitz. Ein wunderbarer Duft lockte aus dem Esszimmer. „Bratäpfel! Bratäpfel!", riefen die Kinder und stürmten den großen Tisch im Nebenzimmer.

Die Haushälterin servierte dem Pastor den Apfel mit giftigem Blick. Wir haben ein Hühnchen miteinander zu rupfen!, schien sie zu sagen.

Das „Hühnchen" musste bis zum nächsten Tag warten. Da war Tante Luises Stunde gekommen! „Zuerst lassen Sie die Kinder acht Monate – acht! – Mo! – na! – te!! – allein, nachdem sie eben ihre Mutter verloren haben, und dann kommen Sie mit diesen gruseligen Räubergeschichten zurück! Zu Weih! –

nach! – ten!!" Luise, die Zornige, ließ jede Silbe wie einen Peitschenhieb auf den Pastor heruntersausen.

Johannes aber entgegnete ungerührt: „Was glauben Sie denn, warum wir Weihnachten überhaupt feiern? Als Jesus auf die Welt kam, war sie genauso grausam wie heute! Wäre sie heil gewesen, hätte er nicht zu uns kommen müssen."

„Ein Stall voller Kinder" – Alice 1900

Nach diesem Weihnachtsfest war Johannes überzeugt, dass sich etwas ändern musste. Die Familie brauchte dringend einen neuen Mittelpunkt. Er wusste auch, wen er fragen wollte, aber ihm fehlte der Mut. Alice, die Schwester von Emma Zeller, lebte in Magdeburg und hatte hin und wieder ihren Urlaub im stattlichen Pfarrhaus in Biesenrode verbracht. Sie war bei Groß und Klein auch im Hause Lepsius stets willkommen gewesen.

Wieder war es Friedrich, der mit seinem Freund und Schwager die Last der Entscheidung teilte.

„Ist es nicht eine Zumutung, überhaupt wieder zu heiraten? In meiner Situation ohne festes Gehalt?"

„Aber Alice ist mutig und sie kann zupacken. Sie liebt die Herausforderung, sonst wäre sie nicht Stationsschwester geworden."

„Hat sie genug Gottvertrauen?"

„Du weißt doch, dass man davon nie genug hat", lächelte Friedrich. „Gottvertrauen kann nur wachsen, wo die eigenen Möglichkeiten versagen. Alice war ja oft genug bei uns in Biesenrode; ich weiß, wie sehr sie sich nach mehr Nähe zu Gott sehnt. Wie hat sie sich zwischen meinem Schwager Rudolf Günther und mir mit theologischen Fragen abgeplagt! Mal siegte ihr Kopf, dann wieder zweifelte ihr Herz. Sie war der

Meinung, dass ihre rationale Denkweise einem innigen Herzensglauben im Wege stand. Die Reise ins Heilige Land machte sie, weil sie sich ein tieferes religiöses Erleben erhoffte."

„Und?"

„Sie kam unverändert zurück, ein bisschen enttäuscht wohl. Ich musste sie trösten. Ich sagte ihr, dass der Glaube sich nicht nur an Gefühlen festmacht. Er hat doch ganz viel zu tun mit einer Willensentscheidung. Alice hat bald darauf den Schritt in die Selbstständigkeit getan und hat den Schwesternberuf in Magdeburg gelernt. Es passte nicht zu ihr, stickend und nähend im wohlbehüteten Zuhause auf die gute Partie zu warten. An dem Punkt ist sie Maggie und unseren Müttern ähnlich."

Bei Alice schlug der Heiratsantrag wie eine Bombe ein. Sie suchte Rat bei ihren Schwestern. Agnes Günther schrieb ihr aus Langenburg, ihre Freundin habe von diesem Johannes Lepsius geschwärmt, und sie würde ihn nicht ein zweites Mal fragen lassen. Emma lud die Schwester nach Biesenrode ein und hörte ihr aufmerksam zu.

Alice klagte: „Das Ja will mir nicht über die Lippen. Mein Kopf sagt mir tausendmal: Nein, nein, nein! Was hat dieser Mann dir zu bieten? Nichts als einen Namen mit Wohlklang. Frau Dr. Lepsius, ja, das hört sich nicht schlecht an. Und sonst? Er hat einen Stall voller Kinder, kein gesichertes Gehalt, und er ist ständig unterwegs. Außerdem werde ich als Ehefrau immer die zweite Wahl bleiben und in Maggies Schatten stehen." Sie seufzte tief.

„Hast du denn auch dein Herz gefragt, Alice?"

„Das ist ja gerade das Dilemma, mein Herz redet immer lauter gegen den Kopf, es schaltet ihn zuweilen ganz aus, das ist doch gefährlich! Ich will doch nicht mein gegenwärtiges Glück gegen eine Katastrophe eintauschen! Aber immer wieder sehe

Dr. Johannes Lepsius mit etwa 35 Jahren, vor Beginn seiner ersten Hilfsaktion für die Armenier in der Zeit der Massaker unter Sultan Abdulhamid II. von 1894 bis 1896

Jerusalem zu Beginn des 19. Jahrhunderts

Maggies Eltern: Johannes Zeller und Hannah Zeller, geb. Gobat

Maggie verließ Jeru-
salem mit 14 Jahren,
um in der Schweiz
und in England
eine angemessene
Schulausbildung zu
bekommen

Johannes und
Maggie Lepsius
als junges Ehepaar

Maggie als junge Frau

Familie Zeller-Lepsius im Garten des Pfarrhauses in Friesdorf/Harz
1891. Von links nach rechts: Margarethe Lepsius (im hellen Kleid)
mit Sohn Alfred, Johannes Lepsius mit Tochter Eveline, Margarethes
Mutter Hannah Zeller (sitzend) mit Renate Lepsius, Emma Zeller

Die Arbeiter und Arbeiterinnen der von Johannes und Maggie
Lepsius gegründeten Teppichmanufaktur in Friesdorf/Harz

Der Schriftsteller Armin T. Wegner (1886-1987), enger Freund von Johannes Lepsius, der als deutscher Sanitätsoffizier im türkischen Heer und als Krankenpfleger des Roten Kreuzes vergeblich versuchte, das Los von armenischen Deportierten zu erleichtern (Aleppo 1916)

Konstantinopel

Karen Jeppe

Armenische Witwe mit Kindern,
frisch eingekleidet, um 1897

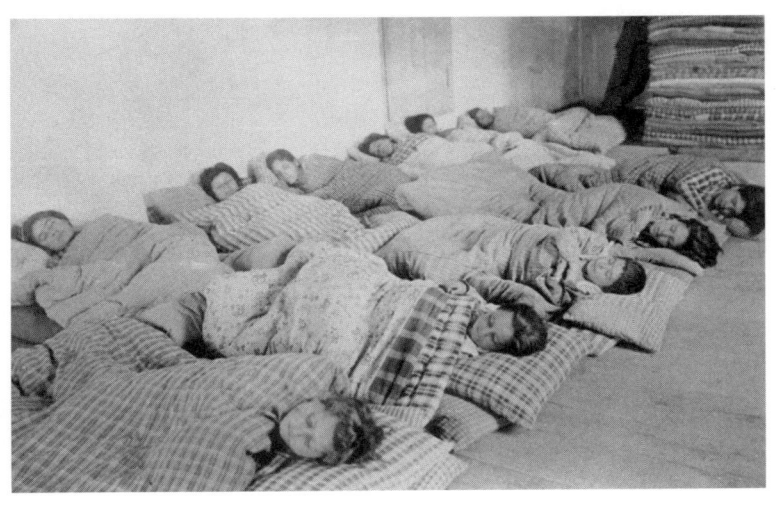

Schlafsaal im Waisenhaus.
Tagsüber wurden die Matratzen eingerollt

Das Lepsius-Haus in Potsdam, Große Weinmeisterstr. 45, um 1920, mit Mitgliedern der Familie Lepsius. (Johannes Lepsius ganz links). Inzwischen von der Deutsch-Armenischen Gesellschaft renoviert, dient es heute als Gedächtnis-, Forschungs- und Begegnungsstätte und erfüllt damit den letzten Wunsch von Johannes Lepsius

Alice Lepsius, geb. Breuning, 1900

Taurusgebirge

Mitarbeiter im Krankenhaus von Urfa, 1897

Krankentransport zum Krankenhaus in Urfa 1912. Patienten und Patientinnen aus einem Umkreis von acht Tagesreisen suchten das Krankenhaus auf

Aussicht vom Gästeschlafzimmer im DOM-Krankenhaus in Urfa.
Blick auf den Westteil der Stadt. Rechts das Krankenhausgebäude

Die armenisch-apostolische Kathedrale von Urfa zu Beginn des
20. Jahrhunderts. Im Vordergrund Gräber

*Bitte um Aufnahme bei den Missionaren, um 1897;
vermutlich in Mezere bei Harput*

Johannes und Alice Lepsius

Gruppe von armenischen Mädchen, zwangsweise tätowiert

Völkermord an den Armeniern 1915/1916.
Die Leichen von Armeniern in einem Massengrab

Armenische Witwe in Lumpen *Heimindustrie: Farbbestimmung*
für Handarbeiten

Klasse in einer Schule von Karen Jeppe
nach dem Ende des Ersten Weltkriegs

Das Freiheitsmobil.
Ganz links mit beschattetem Gesicht: Karen Jeppe

Misak Melkonian,
Karen Jeppes armenischer
Adoptivsohn

ich die mutterlosen Kinder vor mir, und ich habe große Hochachtung vor Johannes, vor seiner kompromisslosen Art und wie er seinen Auftrag auf dem Boden des Gottvertrauens wahrnimmt ...“

„Wenn dein Herz angefangen hat zu sprechen, dann musst du hinhören, Alice. Und meine nicht, ein Mann sollte seiner Frau etwas zu bieten haben. Lebensträume können im Nu zerplatzen wie Seifenblasen. Die Ehe ist eine Lebensaufgabe, nicht mehr und nicht weniger. Aber es lohnt sich: Du wirst nicht die bleiben, die du jetzt bist.“

Potsdamer Abendrunde

Im Hause Lepsius verbreitet sich der unwiderstehliche Duft von frisch gebackenem Brot. Johannes hat Alice bei seiner Rückkehr von der Gerichtsverhandlung gegen Salomon Teilirian die Gäste zwar „nur für ein Stündchen“ angekündigt, aber Alice hat wieder einmal geseufzt. Sie kennt diese vermeintlichen „Stündchen“ und hat schnell einen Hefeteig angesetzt. Mit Renates tatkräftiger Hilfe beim „Schlagen“ kann sie rechnen.

Alices Hefegebäck, ob süß oder herzhaft, hat im Umfeld der Familie einen legendären Ruf. Auch mit bescheidenen Mitteln lässt sich Gutes zaubern. Manchmal wird Alice nach ihrem Rezept gefragt, und dann sagt sie: „Ein Kilo Mehl, 250 Gramm Zucker, Hefe, warme Milch, ein Ei, etwas Öl oder Schweineschmalz, zwei starke Hände – und eine gehörige Portion Wut!“

Wenn die zehnfache Mutter den Hefeteig zubereitet, knetet sie alles hinein, was sich in den letzten Tagen in ihr angestaut hat. Sorgen, Ärger, Zorn, Konflikte, die beste Methode, üble Gefühle loszuwerden, ist für sie Teigkneten. Und wenn ihr verehrter Göttergatte wieder

einmal mit dem Kopf durch die Wand gegangen ist, ist das Hefege-
bäck hinterher umso zarter.

Alice hat nun die Brötchen hereingetragen. Der Korb macht die
Runde, während Alfred beginnt zu erzählen: „Dieses Weihnachten
mit Tante Luise war das spannendste Weihnachtsfest meiner Kind-
heit, weil ich direkt an Papas Arbeit teilnehmen konnte. Vorher hat-
ten wir so ein distanziertes Verhältnis. Vater saß in seinem Büro am
Schreibtisch, war ständig belagert von irgendwelchen Leuten, und
dann ging er aus dem Haus, entweder mit seiner Aktentasche oder
mit einem schweren Koffer.“

Renate nickt. „Papas Geschichte von Urfa hatte uns zwar er-
schreckt, aber wir haben gelernt zu verstehen, warum er so beschäf-
tigt war und immer verreisen musste.“

Johannes Lepsius räuspert sich: „Und ich wusste seitdem, dass mein
Haus einen neuen Mittelpunkt brauchte – eine Frau, der ich mich
und meine Kinderschar zumuten konnte. Ich wusste aber auch: wenn
sie Ja sagen würde, dann käme das einem Wunder gleich.“

„Und dann hast du dein ‚blaues Wunder‘ erlebt. Meine Schwester
Agnes nannte mich ‚Diakonissenbraut‘ und spielte darauf an, dass
eine Schwester, ob nun als Diakonisse oder Verbandsschwester, ihre
blaue Tracht nicht so ohne Weiteres für eine Ehe aufgibt. Sie wusste
nicht, ob sie mich bedauern, bewundern oder beneiden sollte.“

Dr. Störmer hat aufmerksam zugehört. „Sie haben wie viele Kin-
der übernommen, gnädige Frau?“

„Fünf, der kleine Josua war bereits verstorben – an Scharlach.“

„Und dann haben Sie doch auch eigene Kinder bekommen!“

„Ja, sechs Kinder waren es, aber unser Manfred war noch ganz
klein, als er an den Masern starb.“

Im Raum wird es ganz still, man hört das Ticken der alten Stand-
uhr. Dr. Störmer entzündet seine Zigarre neu, und nun bläst er
den Rauch stoßweise durch die gerundeten Lippen aus. Kleine weiße
Kringelwolken schweben durch den Raum. Er schaut ihnen hinterher,

dann bricht es aus ihm heraus: „Donnerwetter!“ Und noch einmal: „Donnerwetter, gnädige Frau!“

Kostbare Freundschaft

BERLIN-LICHTERFELDE 1900-1907

Alice hatte mit neunundzwanzig Jahren das blaue Schwesternkleid und die weiße, steife Haube der Stationsschwester abgelegt und das Steuer im verwaisten Haushalt übernommen. Mit klarem Kopf manövrierte sie das kleine Familienschiff in ruhigere Gewässer. Oft war der „Kapitän“ nicht an Bord, sondern unterwegs als begehrter Redner zu Tagungen und Konferenzen. Er konnte seinen wichtigen Pflichten jetzt unbesorgt nachgehen in dem Wissen, dass seine tüchtige Frau ihre Aufgaben meistern würde.

Alice wurde bald Mutter einer kleinen Brigitta, und als das Kind drei Jahre alt war, kam Veronika auf die Welt. Eveline, die zweitälteste Stieftochter, ging ihr zur Hand und stellte die eigenen beruflichen Wünsche zunächst zurück. Mit Leib und Seele nahm Alice ihre neue Herausforderung an.

Eines Tages im Jahr 1902 kam eine junge dänische Lehrerin zu Besuch ins Haus Lepsius in Berlin-Lichterfelde – Karen Jeppe. Sie war angereist, um ihre Bereitschaft zu einem Einsatz in Urfa zu bekunden. Pastor Lepsius konnte sich gut vorstellen, sie im Waisenhaus einzusetzen, aber …

„Wie schätzen Sie denn Ihre Gesundheit ein, Fräulein Jeppe?“

Die junge, zarte Frau gestand, ihre Eltern seien der Meinung, dass man zu einem solchen Dienst eine robuste Gesundheit brauche, die sie wohl nicht bieten könne, aber an Willenskraft würde es ihr nicht fehlen, und der Ruf, den sie gehört habe, würde sie nun nachts nicht mehr schlafen lassen.

Nach einem ausführlichen Gespräch meinte Dr. Lepsius: „Wenn es so ist, Fräulein Jeppe, dann tun Sie doch den Schritt. Es wird nicht leicht werden, aber Miss Shattuck ist eine erfahrene Frau, sie wird Sie gut anleiten. Herr Künzler kann Sie auf der Hinreise begleiten. Und wir schauen dann, wie es Ihnen dort in Urfa geht. Sie können sich jederzeit melden, wenn Sie sich überfordert fühlen. – Übrigens, wollen Sie nicht ein paar Tage bei uns bleiben und Großstadtluft genießen?"

Und ob sie wollte!

In diesen Tagen begann die herzliche Freundschaft zwischen der Dänin und der Familie Lepsius, und sie sollte eine bleibende, enge Beziehung werden.

Alice hatte Bedenken, Karen Jeppe in so eine schwierige Arbeit zu senden. „Sie ist eine sehr feine, aber sensible Person, Johannes, eigentlich zu schade für eine solch aufreibende Aufgabe."

Johannes nickte: „Genauso habe ich auch gedacht, als wir zusammensaßen. Mir gefällt ihre kompromisslose Bereitschaft, und eine Träumerin ist sie nicht. Sie steht mit beiden Füßen auf der Erde, und sie hat den Blick für das Notwendige. Sensible Leute sind zwar zumeist körperlich nicht die Stabilsten, aber sie können eine enorme innere Stärke entwickeln. Wenn sie ihre Liebeskraft ausleben können, dann richten sie mehr aus als die Unerschütterlichen, trotz ihrer Verletzlichkeit."

„Aber sie zahlen vielleicht einen hohen Preis dafür."

„Sie legen ihr Leben in die Waagschale. Maggie hat die Hingabe höher bewertet als ihr Wohlergehen. Auch Franz Eckart musste seine Familie hergeben. Er stand hilflos an den Gräbern seiner Lieben, nachdem er aus dem Heimaturlaub zurückgekommen war. Epidemien fragen nicht um Erlaubnis, sie schlagen einfach zu."

Karen Jeppe durfte nach Urfa ausreisen. In ihrem Gepäck befand sich eine Kostbarkeit: ein Foto für Rebecca und Wahan, eine Kopie ihres Familienbildes, die einzige sichtbare Erinnerung an ihre Eltern.

„… ohne zu zerbrechen"

Mit dem Einzug von Alices Mutter, Großmutter Breuning, ins Lepsius-Haus wuchs die Familie auf zehn Personen an. Die betagte Frau hatte in den letzten Jahren abwechselnd bei den Töchtern Emma in Biesenrode und Agnes Günther in Langenburg gelebt. Eines Tages war von ihr ein Brief in Berlin angekommen, in dem sie Alice bat, bei ihr wohnen zu dürfen. Das Leben im Hause Günther sei ihr zu hektisch, und sie sei sehr wohl noch in der Lage, kleine häusliche Hilfen anzubieten. Im Familienboot von Kapitän Johannes mochte sie gerne ihren Lebensabend verbringen, und Alice wollte sich um ihre alte Mutter kümmern.

Wenn aber ein Schiff keinen Treibstoff hat, dann kann es auch der tüchtigste Steuermann nicht in Bewegung bringen.

„Wir mussten anschreiben lassen, Johannes, es reicht hinten und vorne nicht!"

„Ich werde dir Geld anweisen lassen." Mit diesem Geld konnte Alice gerade die Schulden bezahlen.

„So geht das nicht, Johannes! Alfred braucht neue Schuhe, Eleonore hat bald Konfirmation, der Lebensunterhalt insgesamt ist teurer geworden, und die Kinder haben jetzt in der

Wachstumsphase ständig Hunger." Alice fiel es nicht leicht, sich zu zügeln.

„Du weißt doch, wie stark die Spendenfreudigkeit nachgelassen hat, Alice!"

„Und warum? Du legst dich mit Hinz und Kunz an, gib es zu!"

„Ich sage die Wahrheit, wo es nötig ist, was anderes gibt es nicht!"

„Und warum verpackst du die Wahrheit nicht ein wenig mit Diplomatie?"

„Das ist nicht meine Art, das weißt du doch!"

„Theologisch stehst du weder auf der pietistischen noch auf der liberalen Seite, wo hast du dich eigentlich angesiedelt?"

„Genau dazwischen, ich würde so gerne vermitteln, wenn das möglich wäre. Leider sind die Fronten verhärtet, Alice, es scheint mir nicht zu gelingen. Aber meinen eigenen Standpunkt lasse ich mir nicht verrücken!"

„Das wirst du mit Einsamkeit bezahlen müssen!"

„Und wenn!"

„Vergiss nicht, dass dies auch deine Familie betrifft!"

Johannes litt unter theologischen Auseinandersetzungen mit Amtsbrüdern, die schließlich in Rufmordkampagnen und fatalen Missverständnissen endeten. Das minderte das Vertrauen der einfachen Leute zu dem großen Missionsleiter und begabten Theologen, dem brillanten Redner, dem sie Glauben geschenkt und für dessen großartige Initiative sie Geld geopfert hatten.

Da warf sie ihren Schatten voraus, die „Katastrophe", die Alices Kopf ihrem Herzen einst prophezeit hatte. Hatte sie damals mit dem Jawort den größten Fehler ihres Lebens begangen? Als unabhängige Frau mit Beruf und gesicherten Finanzen würde sie jetzt ein geordnetes Leben führen, würde reisen, Freundschaften pflegen, ins Konzert und ins Theater gehen, gut für ihre alte Mutter sorgen. Sie würde im geliebten Beruf ihr Können voll ausleben und viel Wertschätzung erhalten. Unverheiratet zu bleiben wäre doch längst keine Schande mehr gewesen! Warum war ihr dieser unwiderstehliche Mann in die Quere gekommen?!

Aber ihre Kinderschar hielt sie auf Trab und erlaubte ihr nicht, solche zerstörerischen Gedanken groß werden zu lassen. Und wieder wurde sie schwanger – ein Stammhalter, Manfred, wurde geboren. Alice war glücklich – endlich auch ein Junge!

Als Manfred anfing zu laufen, starb im Haus Lepsius die Großmutter Breuning, und aus Magdeburg kam die traurige Nachricht vom Tod Friedrich Zellers. Er war mittlerweile dort der Leiter der Stadtmission geworden. Johannes hatte nicht nur den Schwager verloren, sondern auch seinen besten Freund und einen verlässlichen Mitarbeiter in der Deutschen Orient-Mission.

Emma Zeller würde bald die stattliche Dienstwohnung räumen müssen.

„Was meinst du, Alice, sollen wir deine Schwester und die Kinder zu uns holen? Hier in Berlin können ihre Kinder die Berufsausbildung zu Ende bringen. Emma würde ich im Büro anstellen, sodass sie das nötige Geld für die Studierenden aufbringen kann. Unser Haus ist geräumig genug, jetzt, wo unsere Großen ausgezogen sind."

Johannes trauerte sehr um Friedrich und wollte ihm auf diese Weise Liebe und Dankbarkeit erweisen.

Nun hatte Alice, im Familienkreis liebevoll „Mum" genannt, dreizehn Esser am Tisch, von denen die vier Zellers natürlich Kostgeld bezahlten, was die ständig kränkelnde Haushaltskasse aufbesserte.

Emma tat es gut, bei ihrer Schwester Alice zu sein. Schwer

wie ein Sandsack lag die Trauer auf ihr, aber im Zusammenhalt der Großfamilie ließ sie sich leichter schultern.

Derweil machte sich der Tod auf, um sein nächstes Opfer zu suchen. Der kleine Manfred erkrankte an den Masern. Sein zarter Körper schaffte es nicht, sie zu überwinden. Alice kämpfte Tag und Nacht verzweifelt um sein Leben, aber sie verlor den Kampf. Nur zwei Wochen später kam Viola auf die Welt.

Kann ein Neugeborenes die Trauer um ein verlorenes Kind mindern? Niemals! Beide Kinder forderten ihr Recht, jedes auf seine Weise. Wie gut, dass Alice und Emma sich gegenseitig stützen konnten. Und doch mussten beide jeweils die eigene Trauer und die eigene Arbeitslast schultern.

Alice spürte, wie ihre Kraft wich, wie sie sich nur noch danach sehnte, auszuruhen und zu schlafen, zu vergessen.

„Mum, ein Brief von Karen Jeppe!"

„Der wird für Papa sein."

„Nein, er ist an dich adressiert." Alice las:

„Liebe Alice!

Heute bekommst Du eine Extrapost. Die letzten Nachrichten haben mir Heimweh bereitet. Ich wäre gerne gekommen, um Dich in den Arm zu nehmen. Ich habe zwar nie ein Kind geboren noch eins verloren, aber ich kenne dieses starke Muttergefühl, und das sagt mir, dass Du große Schmerzen haben musst. Gott ist oft unbegreiflich und mutet uns viel zu. Warum? Ich frage ihn oft, aber er lässt die Fragen unbeantwortet. Sollen wir vielleicht lernen, immer mehr unser Vertrauen auf ihn zu setzen? Ich muss es täglich üben hier in Urfa, denn jeder Tag ist auch hier eine Riesenherausforderung. Ich habe aufgehört, lange im Voraus zu planen, lebe nur für heute, und morgen kommt ein neuer Tag mit seiner eigenen Sorge.

Neulich sagte mir ein Armenier etwas, das mir zu denken gab: ‚Ihr Europäer seid sicherlich viel intelligenter als wir, aber ich möchte den sehen, der so leiden kann wie wir.'

Er hat ja so recht! Alice, ich wünsche Dir und mir, dass wir leiden können, ohne zu zerbrechen.

Wahan und Rebecca geht es gut. Wahan hatte ich eine Zeit lang nur allzu stumm erlebt. Er gehört zu den Kindern, die das Schreckliche nicht verarbeiten können und für die wir mehr Geduld brauchen als üblich. Als ich ihm das Foto [von seinen Eltern] überreichte, war es, als würde sich ein Knoten in ihm lösen. Offenbar erkannte er seine Eltern wieder! Er konnte heftig weinen und ließ sich gerne trösten. Nun steht er oft in der Schreinerwerkstatt und schaut den Lehrlingen und dem Meister zu. So hat er als kleiner Junge den Vater erlebt. Er will unbedingt auch Schreiner werden. Rebecca gehört zu den Mädchen, die für die höhere Schule vorgeschlagen wurden. Sie wird das sehr gut machen. Beide Kinder sind stolz, einen eigenen Nachnamen zu haben. Immer wieder hört man sie verkünden: ,Wir heißen Krikorian, nicht Lepsiusian!'

Es ist nun schon spät geworden, und morgen früh um fünf ist die Nacht zu Ende.

Leb wohl, liebe Alice, Deine Karen"

Wie wohl das tat, so wahrgenommen zu werden! Meistens erlebte Alice etwas anderes:

„Guten Tag, Frau Doktor! Und, sind Sie wieder alleine? Wie geht es denn Ihrem Gatten? Wo ist er? In Tiflis? War er nicht vor Kurzem noch in Kairo? Grüßen Sie ihn doch, wenn er wieder da ist. Auf Wiedersehen, Frau Doktor!"

Oder: „Alice, wir möchten euch gerne einmal einladen, sobald Johannes wieder zu Hause ist." Ehe Alice antworten konnte: „Macht euch keine Mühe, die nächste Reise ist bald schon fällig", oder: „Auf Johannes' Schreibtisch türmt sich die Briefpost, er wird keine Zeit haben", hatte ihr Gegenüber schon mit einem freundlichen „Bis bald" das Gespräch, das keins war, zu Ende gebracht.

Einmal aber erlebte sie etwas ganz Schönes, und davon zehr-
te sie wochenlang:

Johannes war wieder unterwegs, als Redner auf einer großen
Konferenz. Alice hatte sich mehr oder weniger mit dem Stroh-
witwen-Dasein abgefunden. Da klingelte es an einem trüben
Samstagnachmittag. Vor der Tür stand ein Bote mit einem Rie-
senblumenstrauß, mitten im November. Alice dachte: Er hat
sich verirrt. Aber er überreichte ihr einen Brief mit ihrer Adres-
se. „… Die Konferenzgemeinschaft grüßt Sie aus der Ferne und
dankt Ihnen, dass Sie Ihren Gatten freigegeben haben."

Alice stellte die Herbstastern in Tumas prächtigen Boden-
krug. Ihre Kinder hatten sich neugierig versammelt. „Sollen wir
tanzen?" Spontan bildete die kleine Gesellschaft einen Kreis –
Mums Freude war ein Grund zum Feiern.

Potsdamer Abendrunde

*Der Abend ist weit vorgerückt, aber niemand hat davon Notiz ge-
nommen. Johannes Lepsius erzählt: „1908 zogen wir in dieses geräumige Haus ein, wo gleichzeitig auch das Büro seinen Platz bekam.
Vorübergehend sah es so aus, als würde sich die Lage der Armenier
stabilisieren, aber der Eindruck war trügerisch – es war nur eine
Ruhe vor dem Sturm."*

*„Wir beobachteten mit Spannung die Entwicklungen am Bospo-
rus", berichtet Armin T. Wegner. „Die ‚Jungtürken' hatten sich gegen den Sultan erhoben und ihn zu Fall gebracht. Die neuen Männer
in der Regierung schienen den Armeniern wohlgesonnen zu sein, sie
verurteilten die Handlungsweise des Sultans aufs Schärfste. Das ganze Land atmete auf."*

James Greenfield meint: „Wer jedoch zwischen den Zeilen lesen konnte, der blieb skeptisch – und die Skeptiker sollten recht behalten. Der alte Hass flackerte wieder auf, ärger als vorher."

„Aber das verstehe ich nicht", wirft Alfred ein. „Die Großmächte hatten sich doch um Reformpläne bemüht ..." Er schaute den Vater fragend an.

„Richtig, als ich 1913 noch einmal am Bosporus war, wurde ich sogar mit einbezogen in die Verhandlungen um die armenischen Reformen. In den armenischen Ostprovinzen war es durch Ansiedlung christenfeindlicher Flüchtlinge vom Balkan immer wieder zu Unruhen gekommen. Die Armenier hatten sich deshalb an die Großmächte gewandt und um Intervention gebeten. Das wiederum hatte Unmut bei den Türken ausgelöst und war als Einmischung in innere Angelegenheiten empfunden worden. Die Verhandlungen gestalteten sich äußerst schwierig. Der armenische Patriarch befürchtete, dass der Reformplan am Gegensatz zwischen der deutschen und der russischen Auffassung scheitern würde. Nach drei Wochen mühsamer Verhandlungen lag der Reformplan der türkischen Regierung zur Entscheidung vor. Er sah Regionalwahlen sowie eine Entwaffnung der Hamidye-Regimenter und eine internationale Kontrolle vor. Die Türken haben tatsächlich unterschrieben, jedoch ... mit dem Ausbruch des Weltkrieges wurde alles einfach vom Tisch gewischt."

James Greenfield fügt hinzu: „Auch unsere Pläne in der soeben gegründeten ‚Deutsch-Armenischen Gesellschaft' fielen dem Chaos zum Opfer. Wir wollten die Gunst der Stunde nutzen und wirtschaftliche und kulturelle Projekte für die Armenier fördern. Stattdessen mussten wir hilflos mitansehen, wie das armenische Volk seinem Untergang entgegenging."

Karen Jeppe

Vor sieben Jahren hatte Karen Jeppe auf dem langen Dach der Teppichfabrik gestanden und ungläubig den Kopf geschüttelt über das Riesenwerk, das Johannes Lepsius gleichsam aus dem Nichts aufgebaut hatte. Nun war ihr alles bis in den letzten Winkel vertraut: das Hospital, die Apotheke, die Teppichindustrie, das Waisenhaus. Armenisch sprach sie fließend. Ihre Beziehungen zur armenischen Kirche waren herzlich. Sie genoss das volle Vertrauen ihrer Waisenkinder und den Respekt der Öffentlichkeit.

Aus den Reihen der Kinder waren inzwischen Mitarbeiter hervorgegangen, die im großen Waisenwerk selbstverantwortlich eingesetzt wurden. Rebecca, Tumas Tochter, war eine von ihnen – eine schöne junge Frau, begabt und fleißig. Ihr musikalisches Talent hatte sie im Waisenhaus bei Hausvater Bedros voll zur Entfaltung gebracht. Er kannte all die alten Lieder der Armenier und war nicht müde geworden, sie ihnen zu vermitteln. Darauf stand allerdings die Todesstrafe. Armenische Lieder durften nicht gesungen werden, weil von ihnen zu viel gemeinschaftsfördernde Kraft ausging.

Rebecca war dann mutig genug, von ihm den Musikunterricht zu übernehmen. Sie wurde gut abgeschirmt, wenn das Singen im Stundenplan stand. Die Mauern der Millet-Chan waren dick, kein Laut drang nach außen. Vor der schweren Eisentür patrouillierten zwei Schüler, die das Haus beobachteten. Sollten sie von einem Untersuchungskommando überrascht werden, könnten sie durch Klopfzeichen das Singen im Raum stoppen. Dann würde dort ein ganz normaler Mathematikunterricht stattfinden. Die Tafel mit den Zahlen stand immer bereit, und die Schulhefte lagen auf den Tischen. Keins dieser

Schulkinder würde irgendeinem Fremden gegenüber zugeben, auch nur ein armenisches Lied zu kennen!

Karen Jeppe verstand es meisterhaft, ihren Kindern in dieser angespannten Lage immer wieder eine Freude zu bereiten und die Gemüter zu erhellen. Feste wurden gefeiert, wie sie kamen, und die Sonntage natürlich auch. Aber es gab auch schwere Zeiten zu bestehen.

Im letzten Jahr hatten Heuschreckenschwärme die gesamte Ernte vernichtet und die Bevölkerung an den Rand des Hungertodes geführt. Da hatte Karen mit viel Umsicht ein Versorgungsprogramm organisiert. Seitdem wurde sie fast wie eine Heilige verehrt.

Sie war in den Augen der Bevölkerung von Urfa die „Chanum", die „Herrin".

Aber auf dem Höhepunkt ihrer Dienstlaufbahn war sie gleichzeitig am Ende ihrer Kraft.

Wo sollte sie ein Refugium finden, um für die vielfältigen Aufgaben neue Kräfte zu tanken?

Weit draußen in den Bergen, im Schatten einer verfallenen Befestigungsanlage, richtete sie sich eine „Sommerresidenz" ein, die zunächst nur aus einem weißen Zelt bestand. Dort hauste sie zeitweise ganz alleine, nur bewacht von einem Hund.

Gute Freunde rauften sich die Haare und drangen in sie: „Was du da tust, ist Selbstmord, Chanum! Dieser Ort ist verhext! Niemand geht freiwillig dorthin, es sei denn, er sucht seinen Mörder. Die Alten erzählen, dort seien ganze Karawanen verschwunden! Du bist den vorbeireitenden Kurden und anderen Räubern wehrlos ausgeliefert!"

Karens Bedürfnis nach Ruhe war jedoch größer als die Angst. Es zog sie immer stärker dorthin, und eines Tages kaufte sie das Grundstück, das niemand hätte geschenkt haben wollen, und baute es gut aus.

Später entwickelte sich dieser einsame Ort zum beliebten Ziel für Sonntagsausflügler aus dem Waisenhaus.

Karen hatte den Schulunterricht reformiert, jahrhundertealte Lehrmethoden durch wirksamere ersetzt. Es sprach sich herum, dass die Waisenkinder in kürzester Zeit Lesen und Schreiben gelernt hatten. Immer wieder kamen einheimische Kollegen, die diesen Unterricht miterleben und davon lernen wollten.

Für die Schulkinder war das eine willkommene Abwechslung – nicht aber für Misak.

„Wie heißt du, mein Junge?"

Der hübsche Junge mit den funkelnden Augen schwieg.

„Deinen Namen sollst du sagen."

„Misak!", schrie er zornig.

„Misak, ein schöner Vorname, aber hast du vielleicht auch einen Familiennamen?"

„Du sollst sagen, wie du noch heißt, Misak!"

„Ich will dem Jungen doch nichts Böses!", sagte der Fremde.

„Melkonian!", stieß der Halbwüchsige heraus und schaute zu Boden.

Der Gast wechselte bedeutsame Blicke mit Karen. Ein Problemkind.

Niemand hatte auch nur je den Anflug eines Lächelns auf seinem Gesicht gesehen. Wurde er um eine Gefälligkeit gebeten, schleuderte er ein scharfes „Nein" heraus, und Respekt vor den Verantwortlichen hatte er erst recht nicht. Allmählich trieb er es auf die Spitze.

„Bist du verrückt", warnten ihn die anderen Kinder. „Wenn du hier fliegst, verhungerst du draußen. Du gehst zu einem Meister, der dich für eine Brotrinde schuften lässt!"

Eines Abends war das Maß voll. „Du sollst zur Chanum kommen", meldete ihm ein Schüler.

Die Kinder schauten besorgt, als er die Stufen zu Karens Büro hinaufstieg.

Da stand er ihr nun gegenüber.

„Fehlt dir etwas, Misak?", fragte ihn Karen. „Ich habe in letzter Zeit viel an dich denken müssen. Wenn es so ist, dann musst du es mir sagen, Junge! Oder zweifelst du daran, dass ich dir gerne helfen würde? Also – was ist?"

Misak setzte ein paar Mal vergeblich an. „Verzeihung", würden die andern jetzt wohl sagen, aber er brachte keinen Ton heraus. Sein Gaumen war trocken wie nach einer Steppenwanderung, das Herz klopfte ihm bis zum Hals.

Karen schaute ihm in die Augen. Leise sagte sie: „Ich glaube, ich kann dich verstehen. Du brauchst mir jetzt nichts zu sagen. Geh wieder hinunter zu den andern – aber vergiss nicht: Wenn dich etwas bedrückt, dann komm zu mir, hörst du?"

Wie betäubt schüttelte der Junge kaum wahrnehmbar den Kopf, bevor er den Raum verließ. Vor der Tür wischte er sich über die Augen und sah sich um. Dann holte er tief Luft und ging die Treppe hinunter in seine Stube.

„Was ist, fliegst du?"

Misak nickte, das hieß Nein. Er durfte bleiben.

Kurze Zeit später adoptierte Karen Misak, dazu auch Loucia – diese Kinder hatten im Gegensatz zu ihren Mitschülern überhaupt keine Verwandten mehr. Ihre Eltern waren vor den Augen der kleinen Kinder bestialisch ermordet worden.

Misak entwickelte sich zu einem umsichtigen Helfer, der für seine Mutter alles zu tun bereit war, umso mehr, als er ihre schwindenden Kräfte deutlich wahrnahm.

Im Laufe der Jahre entging es Karen nicht, dass ihre beiden Adoptivkinder sich gern hatten. Eines Tages sprach sie mit ihnen darüber. „Ich würde euch gerne zusammenführen, für immer."

Die beiden schienen nicht allzu überrascht zu sein. „Wenn du es sagst, Mutter", gab Misak zurück, und Loucia nickte lächelnd. Am zehnten Jahrestag von Karens Ankunft in Urfa sollte das große Fest beginnen.

Eine Woche lang feierte die Millet-Chan-Familie miteinander eine fröhliche Hochzeit. Ein türkischer Nachbar hatte seinen Pferdewagen mit vielen Blumen geschmückt und ihn für das Brautpaar vors Haus gestellt – welch eine liebevolle und auch mutige Geste in dieser von Rassenhass vergifteten Zeit!

Immer öfter hielt sich Karen in der Sommerresidenz auf. Misak verstand es, sie gegen alle möglichen Überforderungen abzuschirmen. Regelmäßig ritt er von den Bergen hinüber zur Millet-Chan und kam dann mit ein wenig Anstaltsklatsch und der heiß begehrten Post zurück.

Heute hatte er gehört, in Europa sei ein politischer Mord passiert – in Sarajewo. Die ganze Wahrheit würde er der Mutter erst morgen früh nach dem Frühstück sagen, diese Nacht sollte sie noch einmal gut schlafen.

„Mutter, in Europa ist Krieg ausgebrochen, ein großer Krieg, an dem fast alle Länder beteiligt sind!"

„Aber das kann doch nicht sein, Misak! Ein Krieg zwischen den großen christlichen Kulturvölkern ist doch undenkbar! Wenn ich alles glaube, das kann ich nicht glauben!"

„Es ist leider wahr, Mutter."

„Und was hört man von der türkischen Regierung?"

„Bis jetzt noch nichts, man ruft aber die Männer zum Militär."

Karen erstarrte. Ihre Gesichtsmuskeln zuckten und ihre Lippen zitterten, unwillkürlich faltete sie die Hände.

Eines Tages bekam Johannes Lepsius eine Mitteilung des Auswärtigen Amtes. Der deutsche Botschafter in Konstantinopel, Freiherr von Wangenheim, hatte ein Telegramm geschickt mit der ausdrücklichen Bitte, es auch an Dr. Lepsius weiterzuleiten. Darin stand, dass der Kriegsminister Enver Pascha neben einigen anderen Kriegsmaßnahmen bezüglich der Armenier auch verfügt habe, dass ,alle nicht ganz einwandfreien Familien' aus den armenischen Zentren des Landes auszusiedeln und ,in Mesopotamien anzusiedeln' seien, um Massenerhebungen zu verhindern.

„Diese widerliche Diplomatensprache!" Johannes Lepsius bebte vor Zorn. „Sie verpacken die scheußlichsten Wahrheiten in floskelreiche Umständlichkeiten. Das ist Vernebelungstaktik! Und wir Deutschen lassen uns das gefallen, das ist genauso schlimm!"

Seine Antwort an das Auswärtige Amt war deutlich:

> „,Um Massenerhebungen vorzubeugen', verschickt man nicht ,Familien', sondern ,Massen'. Massendeportationen sind Massenmassaker. Das weiß jeder, der die inneren Zustände der Türkei und die Bedingungen, unter denen solche Verschickungen stattfinden, kennt."

Auf Arabisch klangen die Mitteilungen sehr viel ehrlicher. Im syrischen Aleppo, das damals zum Osmanischen Reich gehörte, kam folgende Botschaft an:

> „An das Polizeiamt in Aleppo.
> Es ist bereits mitgeteilt worden, dass die Regierung auf Order des Komitees beschlossen hat, alle Armenier, die in der Türkei wohnen, vollständig auszurotten. Wer sich diesem Befehl

widersetzt, kann nicht als Freund der Regierung angesehen werden (das heißt er ist ein Landesverräter). Ohne Rücksicht auf Frauen, Kinder oder Kranke ist ihrem Dasein ein Ende zu machen, ohne auf Gefühle und Gewissen zu hören, und wie schwer die Mittel der Vernichtung auch erscheinen mögen. Der Innenminister Talaat."

Viele Menschen in der Türkei waren entsetzt. Auch einige deutsche Offiziere reagierten schockiert, aber sie waren zum Schweigen verpflichtet worden. Mutige Türken versuchten, Flüchtlingen zu helfen, nach Damaskus oder Jerusalem zu entkommen. Leider war es nur wenigen möglich zu fliehen.

Und die Großmächte? Wären sie nicht am ehesten in der Lage gewesen, die Armenier zu schützen?

Auf dem zehnten Friedenskongress in Paris im Sommer 1900 war viel vom „Zorn der zivilisierten Welt" die Rede gewesen. Resolutionen waren unterzeichnet worden, aber die Türken belächelten sie nur. Auch die „Jungtürken" hatten die Politik der Großmächte längst durchschaut; an erster Stelle stand bei denen immer das große Geschäft.

Mit dem Ausbruch des Krieges war für türkische Politiker wie Enver Pascha und Talaat Bey die gute Gelegenheit gekommen, sich der Armenier zu entledigen. Wenn sich „christliche" Europäer gegenseitig umbrachten, dann würde wohl kein Hahn nach den Armeniern krähen, lautete ihr Kalkül.

Während an den Fronten die Kanonen donnerten, begann in der Türkei der Vernichtungsfeldzug gegen die armenischen Mitbürger.

Zuerst zog man die wehrfähigen Männer ein. An den Fronten wurden sie entwaffnet und „nach hinten" abkommandiert, um „Straßen zu bauen". Sie wurden kaum verpflegt und wie Sklaven zur Arbeit angetrieben. Viele starben vor Entkräftung.

Am 15. April 1915 holte man führende Persönlichkeiten

aus ihren Häusern – Lehrer, Pfarrer, Menschen in akademischen Berufen. Danach kamen die Kaufleute und Handwerker an die Reihe. Sie durften ihr Hab und Gut auf Ochsenkarren und Pferdewagen mitnehmen. Unterwegs an einsamen Plätzen nahm man ihnen alles weg. Bis zur völligen Entkräftung mussten sie weitergehen, ohne zu essen und zu trinken. Viele starben an den Strapazen der Wanderung, der wehrlose Rest wurde erschlagen.

Mit den armen Leuten, die zum Schluss zusammengetrieben wurden, machte man auf andere Weise kurzen Prozess. Man zündete ihre Dörfer an und führte die Menschen streng bewacht in die Einöde. Dort entführte und vergewaltigte man viele Frauen und Mädchen, junge Männer wurden aneinandergebunden und in reißende Flüsse geworfen.

Obwohl der Krieg das Land gut abschirmte, sickerten die Nachrichten doch langsam durch. Sowohl auf deutscher wie auf türkischer Seite gab es Offiziere, die diese Vorgänge verurteilten, sich aber nicht trauten, öffentlich Widerstand zu leisten. Viele von ihnen hofften, dass ein gewisser Potsdamer Pastor Dr. Johannes Lepsius etwas ausrichten würde in seinem mutigen Kampf gegen die unmenschliche Deportationspolitik.

„Alice, es ist so weit, ich muss wieder reisen."

„Was kannst du denn in diesem Chaos ausrichten!"

„Ich weiß es nicht, Alice, ich weiß nur, dass es sein muss. Ich werde versuchen, mit Enver Pascha zu sprechen."

„Mit wem?!" Alice erstarrte.

„Ja, mit dem Kriegsminister. Und ich versuche, nach Urfa zu kommen – die Briefe sind so spärlich, immer zensiert und nicht klar verfasst."

„Und wie willst du zu Enver Pascha durchdringen?"

„Ich werde meine Beziehungen nutzen. Seit den Verhandlungen um die Reformen bin ich in der Diplomatenwelt Konstantinopels kein Unbekannter mehr."

Alice wollte noch etwas einwenden, aber Johannes fügte hinzu: „Ich habe die Reiseerlaubnis bereits beantragt."

Und wieder kam Post vom Auswärtigen Amt. Nervös öffnete Johannes das Kuvert.

„Ein abschlägiger Bescheid. Keine Erlaubnis vom Innenminister Talaat Bey."

Er lief unruhig im Raum hin und her, während Alice sich bemühte, ihn ihre Erleichterung nicht spüren zu lassen. Wenn das Nein von höchster Stelle kam, brauchte sie nicht zu kämpfen, jetzt, wo der Vater auch in der Familie nötiger denn je gebraucht wurde. Der 21-jährige Sohn Gerhard war bereits in den Krieg eingezogen, und der Kampf um das tägliche Brot verzweifelter denn je.

So schnell aber gab sich Johannes Lepsius nicht geschlagen. Im Orient war auch das entschiedenste Nein in ein Ja zu verwandeln, wenn man es nur recht anzufangen wusste.

Der zweite Bescheid lautete: „Ja, aber nur für Konstantinopel."

„Nun, das ist doch besser als gar nichts. Also, ich werde reisen."

Beim Kriegsminister

Johannes Lepsius hatte sich entschlossen, nicht den direkten Weg nach Konstantinopel zu nehmen. Auf dem Umweg über Bukarest und Sofia würde er vielleicht unbeobachtet mit Menschen sprechen können, die ihm wichtige Einzelheiten über die Vorgänge in der Türkei zutragen konnten. Er wollte gut informiert sein, bevor er dem Kriegstreiber am Bosporus unter die Augen trat.

Die Nachrichten rollten ihm sozusagen entgegen: Berichte über systematisches Abschlachten der Deportierten auf ihren Wanderzügen. Hin und wieder war es Einzelnen gelungen, der Zwangsverschickung zu entkommen und auf abenteuerlichen Wegen in Sicherheit zu gelangen.

Der armenische Geistliche, den man in Sofia bei Dunkelheit zu Johannes Lepsius führte, hatte viel auf dem Herzen. Seine Gesichtszüge waren Ausdruck einer grausamen Geschichte: die brennenden Augen mit tiefen, dunklen Schatten, das frühzeitig ergraute Haar eines Vierzigjährigen, die Furchen auf der Stirn und in den Mundwinkeln, das ausgemergelte Gesicht, der gebeugte Gang, die belegte Stimme.

Er beherrschte ein einwandfreies Deutsch. „Ich wurde am 15. April 1915 zusammen mit 280 Gebildeten in Konstantinopel polizeilich festgenommen und verbannt. Man brachte uns in die Nähe von Angora, und dort teilte man uns in Gruppen auf. Ich kam mit meiner Gruppe nach Kastamuni, wo einige armenische Familien lebten. Von dort hat man zuerst die Männer deportiert. Den Frauen wurde gesagt, sie würden ihren Männern folgen, sobald diese in Aleppo angekommen seien.

Mit Geld und Gold gelang es mir, den Hauptmann unseres

Zuges zu bestechen. Wir durften zwar weder essen noch trinken noch schlafen, aber man ließ uns das nackte Leben. Unterwegs stießen wir immer wieder auf verlassene ‚Schlachtfelder‘. Hier lagen Berge von Leichen, dort abgeschlagene Frauenköpfe mit langem Haar.

‚Warum tötet ihr auch die Frauen und Kinder?‘, fragte ich den Anführer.

‚Damit sich die Armenier nicht wieder vermehren können‘, erklärte er. ‚Ich kann euch das ja ruhig erzählen, weil ihr ja doch in die Wüste kommt und dort verhungert. Da werdet ihr keine Gelegenheit mehr haben, etwas zu erzählen.‘

Er berichtete uns folgende Einzelheiten: ‚Man hatte zuerst 14 000 Männer aus der Gegend von Yosgad herausgeführt und in den Tälern ermordet. Den Frauen erzählte man, ihre Männer seien nun in Aleppo angekommen und es gehe ihnen gut, die Regierung habe erlaubt, dass sie nachkommen könnten. Alle bewegliche Habe dürften sie mitnehmen. Ein riesiger Umzugstreck mit 840 Wagen, 6400 Frauen und Kindern machte sich auf den Weg Richtung Aleppo. Aber er kam nicht weit!

‚Warum habt ihr das so gemacht?‘, fragte ich, und er erklärte: ‚Wenn wir sie in den Städten ermordet hätten, wäre es doch in der Welt bekannt geworden, und außerdem: So gelangten wir leichter an ihre Schätze und mussten sie nicht mühsam unter der Erde suchen.‘

Wir kamen in die Nähe eines Ortes. Dort befahlen wir den ansässigen türkischen Frauen, uns zu helfen. Vier Tage lang dauerte es, bis sie allen Frauen den Schmuck, das Geld und andere Kostbarkeiten abgenommen hatten. Dann sagten wir den Armenierinnen, es sei eine Begnadigung gekommen, sie dürften zurück nach Yosgad. Ihre Wagen waren schon nachts zuvor zurückgeführt worden. ‚Warum?‘, fragten sie, und wir sagten ihnen, da es nur vier Stunden zu Fuß dorthin sei, brauchten sie doch keine Wagen. Als sie in einer weiten Ebene angekommen waren, holten wir die Türken aus der nächsten Stadt und forderten sie zum Heiligen Krieg auf. Es kamen 12-13 000 Bauern mit Beilen und Äxten, und es wurde ihnen erlaubt, alle totzuschlagen und nur die schönsten Mädchen mitzunehmen.'"

Der Geistliche sprach leise und monoton und vergewisserte sich immer wieder, dass niemand das Gespräch belauschte.

Johannes Lepsius war es abwechselnd heiß und eiskalt geworden. Wut stieg in ihm hoch, Trauer legte sich auf ihn – doch sein Gegenüber schien nichts mehr zu spüren. Kein Wunder nach dem, was er mitangesehen hatte.

„Deutsche Offiziere haben mir eine Uniform geschenkt, sodass ich unbehelligt fliehen konnte."

„Was wird nun aus Ihnen, Monsignore?", fragte Johannes mit Sorge, wie man einen Bruder fragt. Der Armenier zuckte die Achseln, breitete seine Hände aus und schaute zum Himmel. „Ich werde versuchen, nach England zu entkommen. Wie, das weiß Gott allein, aber er hat mich bis hierhin bewahrt, ich vertraue ihm, dass er mir auch weiterhilft."

Johannes Lepsius sammelte fieberhaft weitere Berichte, schrieb alles sorgfältig auf und bekam langsam einen Eindruck vom ganzen schrecklichen Ausmaß der Vorgänge. Insgeheim hoffte er, die Berichte seien übertrieben und es sei vielleicht noch früh genug, um den verantwortlichen Minister vor weiteren Übergriffen zu warnen, ihn davon zu überzeugen, den kleinen Rest der Überlebenden in den westlichen und zentralen Provinzen Anatoliens zu verschonen. Wenn ihm das gelingen würde, dann wäre vielen Menschen geholfen.

In Konstantinopel angekommen, erwartete ihn ein fröhliches, buntes Volksfest. Am Abend war die Stadt hell erleuchtet, jedes

Minarett aufwändig mit vielen bunten Lichtern geschmückt. In den Gärten und auf den Straßen wurde gesungen und getanzt. Konstantinopel feierte in diesen Tagen die jungtürkische Revolution, nationalistische Übergriffe begleiteten die Festfreude. Ausländische Firmenschilder flogen unter ausgelassenem Gelächter auf die Bürgersteige, und man brüstete sich damit, dass nun auch die fremden Professoren in der Universität würden Türkisch lernen müssen. Gleichzeitig hörte man in der Ferne die Kanonaden feindlicher Torpedoboote, die offensichtlich die Dardanellen hatten passieren können und in den Bosporus einfuhren.

Johannes wusste, dass er äußerst vorsichtig vorgehen musste, wenn er Kontakt mit Menschen knüpfen wollte. Es gab deutsche Landsleute, die ihm geflissentlich aus dem Weg gingen, um sich selbst nicht ins Zwielicht zu bringen. Auf Schritt und Tritt würde man ihn, den Unerwünschten, bespitzeln. Er wollte niemanden unnötig gefährden.

Es gelang ihm trotzdem, hier und da unbemerkt weitere Informationen zu erhalten. Den Besuch im armenischen Patriarchat hatte er angemeldet, und auch in der deutschen Botschaft konnte er ungehindert aus und ein gehen.

Dort wurde ihm jede erdenkliche Hilfe zuteil, wenn es darum ging, Informationen über die Vorgänge im Innern zu bekommen, nur Akteneinsicht war nicht möglich. Die deutschen Diplomaten machten aber keinen Hehl daraus, wie sehr sie die Politik der Jungtürken verabscheuten. Immer lauter waren ihre Proteste geworden, ohne dass sie gehört wurden. Überall war eine große Ratlosigkeit zu spüren. Zuletzt hatte eine verlogene Nachricht ihren Zorn heraufbeschworen: Ein Gerücht hatte sich breitgemacht, die Deutschen seien die Betreiber der Deportationspolitik. Die Diplomaten hatten darauf bestanden, dass unverzüglich eine Gegendarstellung diese Lüge ausräumte.

Das diplomatische Klima war also äußerst angespannt, als Johannes Lepsius sich um einen Termin bei Enver Pascha bemühte. Dreimal wurde dieser verschoben, nun endlich sollte es zu einem Gespräch kommen.

„Wir schätzen Ihr Engagement sehr, Herr Dr. Lepsius, aber auch Sie werden keinen Erfolg haben", hatte ihm der armenische Patriarch an jenem Morgen gesagt. „Trotzdem, versuchen Sie es! Vermeiden Sie jegliches Moralisieren, spielen Sie an auf Ihre Macht, auf Organisationen, die hinter Ihnen stehen, auf Ihre politischen Beziehungen. Und nun lassen Sie sich segnen …"

Auf der Straße schaute Johannes Lepsius auf die Uhr: Die Zeit reicht gerade noch, mich umzuziehen, sagte er sich und winkte einen Wagen herbei. Im kirchlichen Umfeld war es üblich, als Pfarrer die Amtstracht zu tragen. In diesem Aufzug aber vor Enver Pascha erscheinen? Nein, das wäre unangebracht. Er bedeutete dem Droschkenkutscher, sich zu beeilen. Dieser schnalzte mit der Zunge und schwang die Peitsche, die Pferde gehorchten. Vor dem Hotel Tokatlian an der Grande Rue de Pera stieg er eilig aus.

„Warten Sie hier, ich bin schnell wieder da!"

Die Pferde bekamen eine kleine Mahlzeit, während der fremde Gast sich umkleidete.

„Und nun zum Kriegsministerium, bitte."

Johannes Lepsius machte sich keine Illusionen. Immer wieder hatte man ihm zu verstehen gegeben, dass ein solcher Vorstoß zwecklos sei. Aber ich werde es wenigstens versuchen; jetzt, wo ich einen Termin habe, will ich ihn auch nutzen, dachte er und legte sich seine Strategie zurecht. Wie hatte der armenische Patriarch es ausgedrückt? „Nicht das Unmögliche erkämpfen wollen, sondern das noch Mögliche versuchen zu erreichen." Vielleicht konnte er noch etwas retten – die Provinzen Aleppo und der Küstenstrich von Alexandrette waren bislang noch verschont geblieben.

Plötzlich standen die Pferde still. Ein Glockenzeichen ertönte, ein Schlagbaum stoppte den Verkehr, der Boden zitterte, und die große Brücke am Bosporus teilte sich in der Mitte. Zwei eisengerüstete Teile schwebten langsam empor, um einem Kriegsschiff die Einfahrt in den innersten Hafen des Goldenen Horns zu gewähren.

Johannes starrte entsetzt auf die Brücke. Das Spiel war aus, so glaubte er, aber nur für einen Moment. Er drückte dem Kutscher ein Geldstück in die Hand und sprang aus dem Wagen. Es gab doch auch kleine Fährboote von hier ans andere Ufer! „Das noch Mögliche versuchen!"

Verzweifelt hielt er Ausschau. Kein Boot weit und breit?

Doch, da kam eins! Schnell, schnell! Johannes gestikulierte wild, langsam näherte sich die Barke. Die nächsten Minuten wurden ihm zur Ewigkeit. Der Bootsmann schien nicht zu wissen, was Eile bedeutete. Er verstand nicht, was dieser Fremde ihm so aufgeregt vermittelte – oder wollte er es nicht verstehen? „Die Eile ist vom Satan", lautete eine orientalische Redensart.

Johannes schaute auf die Uhr. Bereits vor zehn Minuten hätte er sich melden müssen. Nun würde der Kriegsminister nicht länger auf ihn, den ungebetenen Gast, warten, er hatte seine Chance verspielt. Für diese eine Stunde hatte er die lange Reise gemacht, hatte er die deutsche Botschaft penetrant belagert. Und nun? Zu dumm auch, dass er wieder einmal seine knapp bemessene Zeit nicht im Auge behalten hatte! Der Besuch im Patriarchat, die Berichte des Monsignore hatte ihn in Bann geschlagen. Johannes hatte die Zeit vergessen. Die Stimmungen des Augenblicks waren seine Freunde und seine Feinde, je nachdem!

„Das noch Mögliche versuchen", hörte Johannes. Er sah die

müden Augen des Patriarchen vor sich und hörte seine verzweifelten Worte: „Wir alle werden eines grausamen Foltertodes sterben."

Endlich war die Barke an Land. Johannes musste sich am andern Ufer einen Weg durch die feiernde Menschenmenge bahnen und kam keuchend und schwitzend im Kriegsministerium an. Er schaute sich um.

„Dr. Lepsius?" Ein Bediensteter begrüßte ihn höflich.

„Der Kriegsminister musste leider eilig fort, aber Sie können ihn im Serail aufsuchen. Draußen finden Sie einen Wagen, der Sie hinbringt."

So viel Freundlichkeit! War das ein gutes Omen? Johannes erholte sich, sein Atem wurde ruhiger, sein Puls regelmäßiger, für eine Weile schloss er die Augen, lehnte sich im ledernen Sitz nach hinten. Er genoss das Rumpeln des Wagens auf dem uralten Kopfsteinpflaster und die Tatsache, dass ihn der Lärm des feiernden Volkes nichts anging.

Im Palast wurde er erwartet, sehr freundlich sogar, und ein Beamter führte ihn durch die Gänge in ein Empfangszimmer im oberen Stock. Eine Weile würde er warten müssen, dazu war er gerne bereit. Der Diener brachte ihm eine Kanne mit duftendem türkischen Kaffee und ein großes Glas Wasser.

Langsam belebte sich sein Geist, und mit verhaltenem Behagen genoss Johannes den Blick aus dem Fenster auf die Bosporus-Idylle: das blaue Wasser, die kleinen Dampfer, die kreuz und quer tuckerten – ein friedlicher Anblick, untermalt von den nie endenden Straßengeräuschen, dem Lachen und Reden der Menschen, dem Rufen der Händler, dem Klingeln der Droschken, dem Getrappel der Pferde, der mitreißenden Janitscharenmusik und hin und wieder einem Eselsschrei!

Der Fremde aus Deutschland schaut sich in seiner Umgebung um. Ihm ist bereits aufgefallen, dass die Türen in diesem Haus aus leichten Voilevorhängen bestehen, die beständig in Bewegung sind – sie verleihen dem Palast etwas Märchenhaftes. Dieser Empfangsraum ist mit einem Sitzungssaal verbunden, und dahinter liegt ein kleines Kabinett mit einem Schreibtisch, über dem drei Bilder hängen. Johannes erkennt die Personen sofort: Napoleon, Friedrich der Große, und dazwischen eine Fotografie jüngeren Datums, das muss er wohl sein, Enver Pascha. Man hat ihm den Kriegsminister bereits als kleinen, unansehnlichen Mann beschrieben, und er weiß aus Berichten, dass der Gernegroß seine kleine Statur mit einem Machtgehabe kompensiert, das seinesgleichen sucht.

Nun hört er kurze, eilige Schritte auf dem Flur, es klingt nach hohen Absätzen – und er ist irritiert über den Anblick des mächtigen Mannes, wie er da vor ihm steht, fast mädchenhaft schüchtern, in einer Verkleidung, die den Gast an den „Zigeunerbaron" erinnert: eine goldverschnürte Marschallsuniform, auf Taille geschnitten, mit zwei blitzenden Reihen von Orden. Die ungewöhnlich hohe Persianerkappe auf seinem Kopf nimmt er nicht ab. Seine schwarzen Lackstiefel sitzen wie angegossen. Seine Bewegungen sind grazil, elegant, was in Lepsius unwillkürlich Faszination auslöst und ihm selbst das Gefühl vermittelt, ein grober Klotz zu sein.

Enver Pascha bittet seinen Gast nicht ins Kabinett. Stattdessen holt er sich einen Stuhl und rückt ihn in vertrauliche Nähe zu Pastor Lepsius ans Fenster.

Der Weitgereiste hat Grüße aus Deutschland auszurichten, die der Machthaber mit Schmeicheleien über das deutsche Volk geschickt auffängt. Johannes Lepsius pirscht sich mutig heran. „Exzellenz haben in Deutschland viele Bewunderer, die von Ihnen weltbewegende Taten erwarten!"

Enver Pascha antwortet mit einer Gebärde, die seinem Gegenüber zu verstehen gibt, dass er ohne Umschweife auf den Kern seiner Botschaft kommen solle.

„Exzellenz wissen vielleicht, dass ich im Auftrag der Deutschen Orientgesellschaft hierhergereist bin, der ich über gewisse Vorgänge Bericht zu erstatten habe. Das Auswärtige Amt, ja sogar der Herr Reichskanzler nehmen an meiner Mission lebhaften Anteil. Nach meiner Rückkehr werde ich im Parlament einen Bericht über meine Reise abgeben."

Enver Pascha ist ganz Ohr.

„Ich weiß nicht", setzt der Pastor an, „ob das, was im Innern Ihres Landes vor sich geht, mit Ihrem Wissen und Willen geschieht."

„Ich übernehme die Verantwortung für alles", ist die prompte sachliche Antwort.

Johannes berührt einiges von dem, was er in den letzten Tagen über Massendeportationen und Abschlachten von Frauen und Kindern erfahren hat, und sagt ihm offen, dass solche Vorgänge das Vertrauen und die Glaubwürdigkeit, die sich die junge Türkei durch den Sturz Abdulhamids erworben habe, nun leider zunichtemachten.

Enver Pascha hört ruhig zu, bleibt aber vollkommen unberührt. Dann ergeht er sich in langen Reden über militärische Notwendigkeiten, die das Vorgehen gegen revolutionäre Elemente in Kriegszeiten erforderten. Er führt lächerliche Beispiele an. Johannes Lepsius weiß die Wahrheit und er beschreibt, wie die erwähnten „Armenier-Aufstände" durch permanente Provokationen seitens der Türken zustande kamen.

Er hat noch mehr Munition im Gepäck: „Exzellenz wissen, dass der Groß- und der Kleinhandel fast ausschließlich in armenischer Hand ist, und dass die Armenier in ganz Anatolien nahezu allein den Stand der Handwerker stellen. Außerdem sind sie die besten Ackerbauern des Landes. Werden sie vernichtet, dann ist es, als wenn einem gesunden Menschen der Magen entfernt wird. Sie nehmen den Magen heraus und glauben, dass die andern Glieder, die Turkmenen, Kurden, Lasen und Tscherkessen, seine Funktion übernehmen. Das ist ein Irrtum!"

„Mag sein, dass wir eine Zeit lang einen schwachen Magen haben, aber wir werden uns erholen. Bedenken Sie, das Volk der Türken beträgt vierzig Millionen. Wenn sie erst in einem Reich zusammengefasst sind, so werden wir in Asien dieselbe Bedeutung haben wie Deutschland in Europa!"

Johannes Lepsius kann es nicht fassen! Welch ein Fantast sitzt ihm da gegenüber! Das rein türkische Volkselement in Anatolien beträgt, wenn es hochkommt, sechs Millionen! Auch die Stärke seines Militärs hat der Minister weit nach oben aufgerundet – und scheinbar glaubt er in jugendlicher Unbekümmertheit sogar selbst daran. Nein, auf dieser Ebene wird es keine Verständigung geben.

Der deutsche Pastor lenkt das Gespräch nun auf andere Dinge: „Sie wissen, Exzellenz, dass viele Frauen und Kinder Opfer der gegenwärtigen Vorgänge werden. Das kann ja nicht Ihre Absicht sein. Die Behörden sind derzeit überfordert mit humanitären Programmen, es fehlt an Zeit und Geld und an Erfahrung."

„Es wird für alles gesorgt werden, Pastor Lepsius, machen Sie sich keine Sorgen. Aber wenn Sie Vorschläge zu machen haben, schreiben Sie mir, ich will sie gerne erwägen!"

„Ich will Ihnen gleich einen Vorschlag machen, Exzellenz. Schicken Sie mich ins Innere und geben Sie mir den Auftrag, die Versorgung der Deportierten zu organisieren. Ich werde für die nötigen Hilfskräfte sowie für die finanziellen Mittel sorgen. Ich habe Erfahrung in diesen Dingen. Zur Zeit Abdulhamids habe ich bereits einmal ein Hilfswerk aufgebaut."

Der Machthaber hört aufmerksam zu. Was er dann sagt, dringt dem Gast wie eine Speerspitze ins Herz: „Ich schätze Ihre gute Absicht, aber ich kann Ihren Vorschlag nicht annehmen. Wenn ich zulassen würde, dass Fremde den Armeniern Hilfe bringen, so würden sie nicht aufhören, ihre Hoffnung auf fremde Einmischung zu setzen, um ihre Träume zu verwirklichen. Die Armenier sollen in uns allein ihre Wohltäter sehen.

Doch ich will Ihnen einen Vorschlag machen: Geben Sie die Mittel, die Sie sammeln, mir. Ich werde sie ganz nach Ihrer Bestimmung verwenden und Personen, denen Sie Vertrauen schenken, mit der Kontrolle beauftragen, allerdings keine Deutschen!"

Blanker Hohn! Johannes spürt, wie ihm das Blut zu Kopf steigt. Der wortgewandte, stets überzeugungsstarke Redner muss sich geschlagen geben. Seine emotionale Spontaneität, seine Lebendigkeit, die ihm auf der Kanzel so viel Erfolg eingebracht haben, muss er drosseln. Contenance ist gefragt, das bringt ihn fast um den Verstand.

Er lässt eine liebenswürdige Verabschiedung über sich ergehen und dabei – er versucht es mit einer verzweifelten Geste und mit Abscheu gegen sich selbst – heuchelt er tiefe Dankbarkeit für das Entgegenkommen einer Privataudienz beim „Kriegsgott" im Serail.

Wie soll er den Freunden begegnen, die an geheimem Ort geduldig auf ihn warten, in der Hoffnung, dass er vielleicht doch etwas erreicht hat? Er wird es nicht ertragen, in ihre hoffnungslos brennenden Augen zu schauen, nein, und deshalb wird er lange unruhig durch die Straßen wandern, wie ein Heimatloser ohne Ziel, der nicht weiß, wie er weiterleben kann – ein geschlagener Mann, dem die Hoffnung abhandenkam …

Hatte es Sinn, auch jetzt noch weitere Informationen zu sammeln?

Die Nachrichten kamen Schlag auf Schlag, und es waren nur Schreckensmeldungen. Bis jetzt waren die armenischen Einwohner Konstantinopels noch verschont geblieben, bis auf die Gebildeten, die man am 21. April 1915 bereits umgebracht hatte. Die starke ausländische Präsenz verhinderte bislang den allgemeinen Deportationsbefehl. Die Armenier Konstantinopels zitterten dem Tag X entgegen, an dem auch sie sich in Marsch setzen mussten.

Johannes verstand es, unbemerkt hier und da seine Besuche zu machen, die Menschen zu stärken und ihnen zu helfen. Stetig organisierte er seine heimlichen Interviews und hatte bald eine fast lückenlose Darstellung der armenischen Deportationszüge fertiggestellt.

Eines Abends überreichte ihm der Portier im Hotel Tokatlian ein Telegramm. Eine Depesche in Kriegszeiten ließ nichts Gutes ahnen. Im Zimmer öffnete er sie mit zitternder Hand, und dort sank er in sich zusammen.

„Unser Gerhard! Gefallen in Polen, am 17. Juli 1915."

„Mein Gott! Mein Gott!! Warum …?!"

Es dauerte einige Tage, bis sich der erschütterte Vater auf die Heimreise begeben konnte. Zerschlagen saß er da in einer Ecke des Zugabteils. Mitreisende interessierten ihn diesmal nicht. Er brauchte Abstand und suchte ihn unter seinem Mantel, der über ihm am Haken hing. Er versuchte, den versäumten Nachtschlaf nachzuholen, doch seine Gedanken ließen es nicht zu. Der leidende Patriarch, der arrogante Kriegsminister, der flüchtende Geistliche, die aufgebrachten Beamten vom deutschen Konsulat und die vielen kleinen Leute aus der armenischen Gemeinschaft schienen auf den fahrenden Zug aufgesprungen zu sein. Sie umlagerten und bedrängten ihn, und immer wieder dazwischen Gerhard, sein hoffnungsvoller Sohn.

Johannes spürte erneut diesen unerträglichen Schmerz, wie damals, als er sich für immer von Maggie verabschieden musste. „Du warst meine große Hoffnung, Gerhard. Ich bin immer so stolz auf dich gewesen! War das ein Fehler? Darf ein Vater denn nicht stolz sein auf einen Sohn, der sich so wunderbar entwickelt? Wie intensiv haben wir beide miteinander debattiert, manchmal war eine Nacht zu kurz: Theologie, Philosophie, Orientkunde! Hin und wieder gerieten wir uns in die Haare, weißt du noch? Du hast mich für rückständig erklärt. Aber wir konnten uns auch wieder finden. Mit dir konnte ich über alles reden, zuletzt sogar über eine eventuelle Nachfolge im Hilfswerk! Dir hätte ich die Aufgaben getrost in die Hände legen können – ach, Gerhard!"

Die Seele des Vaters pendelte zerrissen zwischen Realität und Traum. Vielleicht bildete er sich das mit dem Telegramm nur ein! Und wenn es ein Missverständnis gewesen wäre? Im Kriegschaos kam so etwas doch vor!

Die Unruhe ließ nicht nach. Johannes klopfte seine Brusttaschen ab. Seine Lektüre hatte er immer für alle Fälle dabei, links das Neue Testament mit den Psalmen, rechts Immanuel Kant. Heute war die linke Seite gefragt. Er blätterte in den Psalmen Davids. Die Seite mit seinem Lieblingspsalm öffnete sich von selbst. Wie oft hatte er sie schon aufgeschlagen?

„Denn er hat seinen Engeln befohlen, dass sie dich behüten – ach ja? Nein, sie haben mich nicht behütet, diesmal nicht!" In bitterer Verzweiflung steckte Johannes das Testament zurück in die Brusttasche und kroch zurück in seine Mantelhöhle.

Zum ersten Mal in seinem Leben hatte er das Bedürfnis, sich wie Elia unter einen Baum zu setzen und Gott zu bitten, seinem Leben ein Ende zu machen. Was gingen ihn die Armenier an? War nicht sein eigenes Volk auch gebeutelt, dem Leid preisgegeben? Und seine Familie war schwer getroffen! „Da soll mir ja niemand mit den Engeln kommen, heute nicht!"

Während aber Johannes noch haderte, vernahm sein inneres Ohr die Klänge zunächst ganz leise, nun wurden sie deutlicher. Mendelssohn! Sein Oratorium mit der Geschichte des Elias. Zum Hören kam das Schauen: Sein großer Chor in Jerusalem, Maggie inmitten der Sopranstimmen, die Instrumentalisten in gespannter Bereitschaft, die Solistin mit der Engelsbotschaft – und Elia, der Prophet. Johannes sah sich selbst dort stehen, jung und sorglos, wie er den Taktstock schwang und wie er sich dann dem Publikum zuwandte mit dem gefühlsstarken Rezitativ des Elias:

„O Herr, ich arbeite vergeblich
und bringe meine Kraft umsonst und unnütz zu.
Ach, dass du den Himmel zerrissest
und führest herab!
Dass die Berge vor dir zerflössen!
Dass deine Feinde vor dir zittern müssten
durch die Wunder, die du tust!
Warum lässest du sie irren von deinen Wegen
und ihr Herz verstocken,
dass sie dich nicht fürchten?
O dass meine Seele stürbe!"

Die Zuhörer hatten ihm ergriffen gelauscht, hier und da hatte er die Bewegung in den Gesichtern gesehen, und nun hatte er sich wieder den Musikern zugewandt. Der „Engel" war aufgestanden. Wie eine Sturmstillung kam seine Botschaft in weichen, ruhigen Harmonien:

„Sei stille dem Herrn und warte auf ihn.
Steh ab vom Zorn und lass den Grimm.
Sei stille dem Herrn und warte auf ihn."

Johannes schlug den Mantel zurück. Wie lange hatte er im Dunkeln trotzig mit Gott gehadert? Draußen flog die Landschaft vorbei. Der Herr ihm gegenüber nickte ihm freundlich zu: „Gut geschlafen?"

Johannes lächelte müde. Nein, die Armenier gingen ihn viel, sehr viel an, mehr als das eigene Volk, so verrückt es klingen mochte! Seit den Tagen Abdulhamids, seit seiner ersten Reise ins Innere, fühlte er sich zu diesen Unglücklichen gesandt. Sie waren seine Lebensaufgabe! Manchmal hatte er sich gefragt, warum er dieses Volk so liebte. Er hatte ihnen in die Augen geschaut – solche Augen haben nur Wesen, die den Kelch bis zur Neige leeren müssen.

Jetzt war ihm in der Erinnerung an Mendelssohn ein Engel Gottes erschienen und hatte ihm befohlen, zu essen und zu trinken, weil er einen weiten Weg vor sich habe.

Potsdamer Abendrunde

„Es war eine traurige Rückkehr nach Berlin", erinnert sich Johannes. „Ich versuchte, beim Auswärtigen Amt für einen stärkeren Druck der deutschen Regierung auf die Türkei zu werben, aber ich lief gegen Wände. Es sei unmöglich, weil man sonst das Waffenbündnis mit der Türkei gefährde.

Es gelang mir dennoch, fünfzig namhafte Vertreter evangelischer Kreise zu einer Unterschrift zu bewegen – wir machten eine Eingabe an den deutschen Reichskanzler von Bethmann-Hollweg und brachten unsere höchste Besorgnis über die Geschehnisse zum Ausdruck.

Dann bereitete ich eine Veröffentlichung über ‚Die Lage des armenischen Volkes in der Türkei' vor, und das Kuratorium der Deutschen Orient-Mission fasste den Beschluss, diesen Bericht unter den gegebenen Vorsichtsmaßregeln in die Hände der deutschen evangelischen Geistlichen zu bringen. Bald schon wurden aber Bedenken geäußert, sodass man sich schließlich darauf einigte, dass dieses Werk nicht unter dem Namen und auf Kosten der DOM verschickt werden sollte. Man überließ die Sache mir, und ich führte sie auf eigene Faust durch.

20 000 Exemplare verschickte ich mithilfe meiner Familie und guter Freunde an die Pfarrämter, an die Reichstagsabgeordneten und an die Redaktionen der größten deutschen Zeitungen. Das Ganze war ein großer organisatorischer Aufwand, denn das Papier war im Land knapp geworden, und in den Druckereien holte ich mir nur Absagen. Man wollte sich die Hände lieber an der Druckerschwärze schmutzig machen als an solch brisantem Inhalt! Schließlich mussten die Sendungen möglichst gleichzeitig verschickt werden, weil damit zu rechnen war, dass sie sonst beschlagnahmt würden.

Natürlich kam heftiger Protest vom türkischen Botschafter. Die Schrift wurde sofort verboten, aber sie war bereits gut gestreut, und die Hilfsgelder flossen reichlich.

Leider kam es aber zu einem Bruch mit der Deutschen Orient-Mission. Sowohl die Herren im Kuratorium als auch die Kirchen beugten sich dem Gebot der Regierung, die ‚armenische Frage‘ bis zum Kriegsende mit Schweigen zu behandeln. Ich erklärte, dass mir mein Gewissen verbietet, mich diesem Schweigegelöbnis zu unterwerfen. Eine Trennung war unumgänglich, aber sie tat sehr weh und griff mein Herz an.

Nachdem ich den Bericht verschickt hatte, entschloss ich mich, mit meiner Familie einer Einladung nach Holland zu folgen, hauptsächlich um meiner angeschlagenen Gesundheit willen. Ich brauchte Luft, in der ich wieder atmen konnte."

Die Tötungsbefehle des Innenministers Talaat erreichten per
Telegraf auch Urfa.

„Obwohl man bei der Ausrottung der sattsam bekannten
Menschen [d.h. der Armenier] größten Eifer an den Tag legen
sollte, erfahren wir, dass man diesen an unvorteilhafte Orte
weiterhilft. Eine solche Nachsicht ist unverzeihlich. Der Ver-
bannungsort dieser Menschen ist das Nichts. Ich rate Ihnen,
nach dieser Zurechtweisung zu handeln. Talaat."

Der Mutessarif, der Regierungspräsident von Urfa, musste die
Befehle befolgen, ob er wollte oder nicht. Eine systematisch
organisierte Deportationskampagne war bald in vollem Gan-
ge. Hier und da verweigerten sich die Regierungsbeamten und
bekamen die Folgen zu spüren: Versetzung, Entlassung, Folte-
rung, Tod.

Eine bürgerliche Privatinitiative hatte in Urfa versucht, Armenier zur Unterschrift unter eine Erklärung zu bewegen, dass
sie zum Islam übergetreten seien – diese Unterschrift würde
ihnen das Leben retten. Nur wenige hatten unterschrieben und
sich beschneiden lassen. War es ihnen zu verübeln?

Was Karen Jeppe täglich erwartete, geschah.

„Chanum, ein Offizier möchte Sie sprechen, er hat Soldaten
dabei."

Karens Knie waren kraftlos, als sie langsam die hohen Stein-
stufen hinunterstieg.

„Dies ist ein Befehl der Regierung, Chanum. Die Millet-
Chan ist innerhalb von vierundzwanzig Stunden zu räumen. Sie
wird als Kaserne gebraucht."

„Aber hier leben hundertdreißig Kinder, Effendi!"

„Machen Sie sich keine Sorgen, wir werden sie in eine neue Unterkunft einweisen."

„Sie werden ruhigbleiben, wenn ich bei ihnen sein kann", wagte die Waisenmutter mit bebenden Lippen einzuwenden.

„Auch Sie werden die Karawanserei verlassen, Chanum. Sie werden in das nicht bewohnte deutsche Haus in der Stadt ziehen." Die Stimme des Beamten klang unerbittlich.

Wochenlang hatte sich Karen auf diesen Moment vorbereitet, doch nun erstarrte sie innerlich zu einem Eisklumpen. Wie mechanisch erklärte sie den Kindern sachlich die Lage und versicherte ihnen wiederholt, dass sie sich bald wiedersehen würden. Laut weinend zog die Kinderschar mit den neuen „Betreuern" aus. Auch Karen verließ den vertrauten Ort, sich ständig einredend, dass es bald eine Zusammenführung geben werde. Der grausamen Wahrheit vermochte sie nicht ins Gesicht zu schauen. Den ganzen langen Winter wartete sie in Urfa im Haus des Schweizer Arztes Dr. Vischer auf die Wiederkehr ihrer geliebten Kinder – vergeblich.

Eines Tages – es war im Frühjahr – schreckte sie aus ihren trüben Gedanken hoch. Auf der Straße waren laute Rufe zu hören. „Verbannte, Verbannte." Eilig zog sie ihr graues Straßenkleid an, das sie als Europäerin auswies, und folgte dem Strom der Menschen zur Millet-Chan. Dort, wo einst ihre Kinder gespielt und gelacht hatten, lagen Hunderte von entkräfteten Kindern, Frauen und alten Menschen mehr tot als lebendig, bewacht von Soldaten mit Gewehren und Peitschen.

Karen betrat mit festen Schritten den Hof. Wie Giftpfeile trafen sie die Blicke der Aufseher. „Wer ist denn das? Was will die hier?!"

„Ich möchte Ihren Vorgesetzten sprechen", sagte sie auf Türkisch, ihre Stimme war scharf und bestimmt. Der unbändige Zorn machte sie mutig.

Die Männer tauschten Blicke und Worte, dann holte einer den Offizier.

Karen konnte wider Erwarten einen kleinen Aufschub für die Weiterreise der Entkräfteten erwirken, und diese Zeit wusste sie zu nutzen. Sie organisierte Essen und Trinken, ließ zerrissene Schuhe in aller Eile flicken, gab Medikamente aus und verband Wunden. Man ließ sie widerwillig gewähren, denn wenn diese Frau, zornentbrannt, wie sie war, Unruhe anzetteln würde, hätten die Soldaten ein Problem. Wäre sie nicht Dänin, sie würden sie jetzt mitnehmen zum „Kara Jere", dem Ort der Verbannung.

Hin und wieder schlugen sie mit ihren Peitschen unwillig gegen ihre Gamaschen. Manchmal aber sausten die Hiebe auf wehrlose Opfer herunter, und als der traurige Tross zum Weitermarsch aufbrach, blieben viele Tote in der Millet-Chan zurück.

Diese schrecklichen Szenen wiederholten sich immer wieder. Schier endlos schienen die Züge zu sein, die aus der Gegend von Zeitun durch Urfa geführt wurden. Karen tat ihren Samariterdienst wie eine Erstarrte, sie wehrte sich gegen jedes aufkommende Gefühl, um nicht zusammenzubrechen.

Einen kleinen Trost hatte sie: Zu Hause warteten Misak und Loucia, ihre großen Adoptivkinder. Karen hatte Misak vom Militärdienst freikaufen können. „Weil Sie es sind", hatte der Mutessarif zu ihr gesagt. Dennoch, man konnte nie wissen – Misak ließ sich auf der Straße nicht unnötig blicken.

In dieser Zeit klopften nachts hin und wieder heimlich Flüchtlinge an Karens Haus, die wie durch ein Wunder den Todesmärschen entronnen waren. Die Zahl der Hausbewohner stieg allmählich auf dreißig. Karen musste sie verstecken. Niemand durfte wissen, was sie tat; es wäre ihr Todesurteil gewesen. Nicht einmal die Familie Eckart nebenan durfte etwas merken. Franz Eckart, seine zweite Frau Margarethe und die beiden Kinder sollten nicht in Karens Probleme hineingezogen werden.

Im Garten gab es eine alte Laube, unter der sich eine stillgelegte Sickergrube befand. Dort verbrachten die Flüchtlinge die Tage auf engstem Raum. Nachts durften sie abwechselnd zu zweit im Garten spazieren gehen. Sprechen war strengstens verboten, mit Vogelstimmen versuchten die heimlichen Gäste, sich untereinander zu verständigen.

Als der Winter sich ankündigte und einer nach dem andern krank wurde, baute Karen einen nicht unterkellerten Teil ihres Hauses zu einer Notunterkunft für sie aus. Auch dabei musste sie äußerst vorsichtig vorgehen. Immer wieder standen unangemeldet Soldaten mit einem Durchsuchungsbefehl vor der Tür.

Die Deportationszüge wollten nicht enden. Karen zog Tag für Tag mit einem bepackten Esel zur Millet-Chan. Dort waren inzwischen so viele Menschen gestorben, dass man nicht nachkam mit dem Abtransport der Leichen. Der Ort stank so fürchterlich, dass niemand sonst sich ihm freiwillig näherte.

Es sollte jedoch noch schlimmer kommen: Eines Tages erreichte sie der Befehl, dass alle armenischen Frauen aus Urfa sich in der Millet-Chan einzufinden hätten. Karen erstarrte. Die meisten kannte sie persönlich, und auch Loucia war nicht ausgenommen. In aller Eile ließ die dänische Mutter einen verlässlichen kurdischen Eseltreiber rufen, bezahlte ihn gut, nähte ihrer Tochter Geldstücke in den Rocksaum und entließ sie schweren Herzens.

„Mach dir keine Sorgen, Mutter", sagte Loucia ihr zum Abschied, „ich werde alles versuchen, um heil zurückzukommen."

Misak war außer sich, als er später nach Hause kam. Die Vorgänge stürzten ihn so in Verzweiflung, dass er wild entschlossen war, sich an diesem Abend umzubringen. Karen beschwor ihn, vernünftig zu sein und nicht den Kopf zu verlieren. Wie eine Prophetin versprach sie ihm, er werde seine Loucia bald wiedersehen.

In der übernächsten Nacht klopfte es an die Tür. Ein Soldat mit Durchsuchungsbefehl? Misak war aufgesprungen, um sich zu verstecken, da hörte er eine vertraute Stimme: „Macht auf, ich bin's, Loucia!"

Todmüde, abgerissen, aber überglücklich schloss Loucia ihren Mann, ihre Mutter und die vielen Bewohner des Hauses in die Arme. Alle waren gespannt auf ihren Bericht, doch erst musste sie sich mit einem heißen Tee aufwärmen.

„Wir waren eine Tagesreise entfernt, als man uns auf einer Weide zusammenpferchte. Stellt euch vor, auch Rebecca Krikorian war mit dabei!"

„Rebecca? Sie war doch bereits mit den Kindern abgeführt worden!"

„Sie war sehr blass, sah vergrämt aus. Ich wollte mit ihr reden, aber sie gab mir mit Blicken zu verstehen, das sei unmöglich. Vielleicht ist sie in einem türkischen Haus versteckt gewesen. Es gab einen Streit zwischen zwei Bewachern in ihrer Nähe. Der eine redete barsch auf den andern ein und drohte ihm: ‚Ich habe dir gesagt, dass sie mir gehört! Du wirst dich fügen, wenn dir dein Leben lieb ist!'"

Karen raufte sich die Haare, die andern versuchten sie zu beruhigen. „Wenn es in diesem Streit um Rebecca ging, dann wird sie auch überleben, Chanum!"

„Aber um welchen Preis!"

Loucia brannte darauf, ihre eigene Geschichte zu Ende zu erzählen: „Ich hatte dem Eselstreiber gesagt, er möchte hinter einem bestimmten Felsen auf mich warten. Wir lagerten uns, waren todmüde. Die Frauen schliefen bald fest. Ich beobachtete unsere Bewacher. Einer war dabei, der nicht von seiner Aufgabe überzeugt zu sein schien. Ich hielt mich in seiner Nähe auf und wartete einen günstigen Moment ab, zeigte ihm mein Geld und flüsterte im Vorbeigehen: ‚Das gehört dir, wenn du mich diese Nacht freilässt.‘

Als alles fest schlief, drückte ich ihm das Geld in die Hand und robbte mich an ihm vorbei ins Freie. Vorsichtig, leise schlich ich davon in die stockdunkle Nacht. Hinter dem Felsen wartete tatsächlich mein kurdischer Eselstreiber! Er gab mir die Tarnkleidung, die du ihm anvertraut hattest, und leise ritten wir davon. Der Mond ging auf und leuchtete auf unseren Weg, bis die Morgendämmerung anbrach. Die Gegend war einsam, wir trafen kaum Menschen. Gegen Mittag suchten wir ein Versteck, um ein wenig auszuruhen. In der Abenddämmerung brachen wir wieder auf. Gott sei Dank, er hat uns bewahrt.“

„Und er hat einem Kurden den Mut gegeben, trotz einer drohenden Todesstrafe gegen die Regierung zu handeln.“

Misak und Loucia waren wieder glücklich vereint – doch für wie lange? Wann würde sie ein Polizist in ihrem Versteck finden? Das Warten wurde für die vielen ungebetenen Gäste unerträglich. Es gab immer wieder Streitereien um Kleinigkeiten, aber Karen konnte Abhilfe schaffen: Sie bot Englischunterricht an, denn „Englisch braucht man immer im Leben“. Und wer nähen konnte, wurde an die Arbeit gestellt. „Kurdische Kleidung brauchen wir für die Flucht!“ Irgendwann würde es möglich sein, nach Aleppo zu entkommen. Es war dort ähnlich wie in Konstantinopel: die Präsenz der ausländischen Niederlassungen und Botschaften gewährte den Armeniern einen gewissen Schutz.

Langsam verebbten die Elendszüge. Nach und nach konnten Karens Gäste als Kurden verkleidet das Weite suchen. Zu zweit verließen sie jeweils das schützende Dach, um sich nach Aleppo durchzuschlagen. Misak begleitete sie wie ein ortskundiger Führer in das nächtliche Abenteuer, half ihnen über den Euphrat, um dann in Urfa die nächsten Flüchtlinge abzuholen. Zuletzt machte er sich mit Loucia auf den Weg. „Mutter", sagte er zum Abschied, „nimm es mir nicht übel, aber das, was du uns gelehrt hast, dass Gott ein Gott der Liebe ist, das kann ich nicht mehr glauben. Bitte verzeih mir!"

Als alle gegangen waren, bereitete sich Karen auf die weite Reise nach Dänemark vor. Würde sie ihre Kinder Misak und Loucia je wieder sehen?

„… mich an ihre Seite zu stellen"

Um Karen Jeppe in Urfa war es still geworden. Sie war so erschöpft, dass ihr vor der Anstrengung der Rückkehr in die Heimat graute. Ein Gutes jedoch hatte der Krieg bewirkt: Da, wo sie früher hatte reiten müssen, konnte sie nun eine weite Strecke mit der Eisenbahn zurücklegen. Dafür hatten die Deutschen gesorgt. So konnte sie bequem sitzen und fahren, warten, fahren, warten, fahren. Immer wieder wurde sie nach ihrem Pass gefragt. Nach mehreren Tagen fuhr ihr Zug in Konstantinopel ein. Hier würde sie eine Pause einlegen müssen, um neue Kräfte für die Weiterreise zu sammeln.

Endlich saß sie in dem Zug, der sie nach Berlin bringen sollte! In der Ferne wurde die Silhouette der alten Stadt am Bosporus mit ihren unzähligen Kuppeln und Minaretten immer undeutlicher, bis schließlich Hügel und Berge das Bild verdeckten. Ein paar Stunden vergingen, dann tat sich auf dem Balkan erneut eine Kriegskulisse auf: zerlumpte Gestalten, Lehmhütten, vom Regen aufgeweicht, trostlose Städte mit zerbombten

Häusern, dunkle Fensterhöhlen, staubige Kiefernhaine, elende Menschen mit irrem Blick, magere Eselstreiber.

Karen war müde geworden, dem Krieg immer wieder in die Augen schauen zu müssen. Sie versuchte zu schlafen, aber auch das gelang ihr nicht. Endlich, endlich Berlin!

Auch diese Stadt hatte sich gewandelt: Männer auf Krücken, hustende und hohlwangige Menschen, zornige Arbeiter, ein Strom von gebeugten Frauen aus Fabriktoren, und immer wieder Bettler …

Eine Droschke brachte Karen mit ihrem leichten Gepäck nach Potsdam zur Großen Weinmeisterstraße, zum Haus Lepsius. Wie lange war von dort keine Nachricht gekommen! Der Krieg hatte jede Verständigung erschwert. Jetzt wollte sie alles, was sie erlebt hatte, endlich loswerden – und sie konnte sicher sein, offene Ohren zu finden.

„Nein, die Familie Lepsius weilt bei Freunden in Holland, Fräulein Jeppe!", sagte Richard Schäfer, der treue Mitarbeiter der Deutschen Orient-Mission.

„Und wann kehrt sie zurück?"

„Das ist ungewiss – es handelt sich um einen längeren Aufenthalt. Die Familie hat Potsdam schon im Juli 1916 verlassen, hauptsächlich aus gesundheitlichen Gründen. Pastor Lepsius war sehr krank und die Versorgungslage in Berlin so mangelhaft – hier hätte er nicht genesen können."

„Sie sagten ‚hauptsächlich', Herr Schäfer. Welche Gründe gab es sonst? Die wenigen Nachrichten, die ich bekam, enthielten nur Andeutungen."

„Ja, es hat ein Zerwürfnis gegeben zwischen ihm und der Verwaltung."

„Aber es ist doch sein Werk!"

„Die Deutsche Orient-Mission war eng verbunden mit anderen kirchlichen Werken, und die Regierung hat den leitenden

Mitarbeitern das Versprechen abgenommen, über die Ereignisse in Armenien bis nach Kriegsende zu schweigen – wegen des türkischen Verbündeten."

„Welch eine Zumutung!"

„Sie sagen es, Fräulein Jeppe. Johannes Lepsius hat natürlich nicht geschwiegen! Und damit wurde er zu einer ,Persona non grata' in seinem Heimatland, dem er aus tiefstem Herzen dienen wollte. Er musste sogar damit rechnen, dass ihm der Reisepass entzogen würde, damit er weitere Erkundungsreisen unterlassen musste. Und weil die Herren der DOM um eine Schließung ihres Werks fürchteten, nahmen sie von ihm Abstand. Das hat er einerseits verstehen können, andererseits hat es ihn sehr verletzt, sodass er sich von ihnen trennte. Aber Sie kennen ihn ja, Fräulein Jeppe …"

Karen nickte. „Er hat immer nach dem Prinzip gehandelt, Gott und der Stimme seines Herzens mehr zu gehorchen als den Menschen, auch wenn die Folgen für ihn nicht absehbar waren."

„Immer wieder hat er durch seine kompromisslose und unduldsame Art Freunde, Förderer und Gönner seiner Arbeit verloren", sagte Schäfer, „das war für das Werk manchmal ein Problem, und ich als Finanzminister musste es ausbaden. Trotz alledem ist er mein verehrter und sehr geschätzter Freund geblieben – und mein großes Vorbild in seiner geradlinigen Art."

„Ja, ein paar Überzeugte haben es mit ihm ausgehalten, Herr Schäfer."

Der Sekretär schmunzelte in sich hinein. Dann fuhr er fort: „Wenn Sie aber meinen, Herr Lepsius würde jetzt im Liegestuhl in der Sonne liegen, täuschen Sie sich gewaltig."

„Auf diesen Gedanken würde ich von mir aus nicht kommen. Was führt der alte Kämpfer im Schilde?"

„Er tut eine ganze Menge. Womit soll ich anfangen? Nun, zunächst engagiert er sich natürlich weiterhin für die Armenier, was für ihn von Holland aus einfacher ist. Dort kann ihn keine Zensur zum Schweigen verurteilen. Ach übrigens: Sein treues Engagement für die Armenier hat ihm einen neuen Titel eingebracht: Die Berliner Theologische Fakultät hat ihm die Ehrendoktorwürde verliehen."

„Das freut mich für ihn, das wird ihm guttun!"

„Noch etwas Interessantes gibt es zu berichten: ein Kreis politischer Freunde schlug ihm vor, vorläufig in Holland zu bleiben, um dort Zeitungen zu studieren, neutrale und gegnerische, und diese Presseberichte dann über einen Kurier weiterzuleiten an das Auswärtige Amt. Dafür wird er sogar bezahlt!"

„Das Innenministerium ächtet ihn, das Außenministerium braucht ihn?"

„Genauso!"

„Das hört sich ja wirklich interessant an! Ist das schon alles?", fragte Karen.

„Natürlich nicht, ganz nebenbei schreibt er ein theologisches Werk, ‚Das Leben Jesu'. Es wird umfangreich und, wie Renate ankündigt, sehr spannend. Sie steht ihm als Sekretärin zur Seite, und seine Frau Alice natürlich auch."

„Wie geht es Alice?"

„Sie geht mit ihm, durch dick und dünn – was sollte er ohne sie machen? Ihr Leben ist nicht leicht mit diesen ewigen Geldsorgen und seiner kantigen Art, aber sie hat gelernt, damit umzugehen – und sie ist gelassener geworden. Und er braucht seine Alice nun auch dringend als Krankenschwester."

Karen hielt es nicht länger in Berlin. Sie nahm die nächste Gelegenheit zur Weiterreise wahr, nach Hause an den Ostseestrand, wo Vater und Mutter auf sie warteten. Sie hatten sich ihren Altersruhesitz am Meer gebaut, und hier konnte Karen sich auf ausgedehnten Spaziergängen langsam erholen.

Die Heimkehrerin war lange Zeit still und schweigsam, und wenn man sie ansprach, um etwas aus Urfa zu erfahren, begannen ihre Gesichtsmuskeln heftig zu zucken – die extreme Dauerbelastung der Kriegsjahre hatte ihre Nerven krank gemacht.

Eines Morgens brachte der Briefträger einen schwarz umrandeten Brief. Karen öffnete ihn nervös. Ihr fehlte die Kraft für weitere Hiobsbotschaften. „Franz Eckart" las sie dick gedruckt, der weitere Text verschwamm vor ihren Augen. Ihr geschätzter Kollege und Mitstreiter war in Istanbul interniert worden, als er mit seiner Familie heimreisen wollte. Die Familie durfte weiterreisen. Er hatte versucht zu fliehen und war an der türkisch-bulgarischen Grenze erschossen worden.

Diese Nachricht ließ den Eisklumpen in Karens Seele schmelzen. Endlich konnte sie weinen, und es waren nicht nur Tränen um Franz Eckart und seine Familie. Sie begann zu trauern, um jedes verlorene Kind, um all die Verbannten, die in der Millet-Chan gelegen hatten, um ihre Schutzbefohlenen, die geflohen waren, von denen sie keine Nachrichten hatte.

Karen hatte Angst, im Trauermeer unterzugehen, nie wieder „an Land" zu kommen, aber langsam wuchsen in ihr neue Kräfte.

Potsdamer Abendrunde

Alice ist bei dem Stichwort „Karen" munter geworden. „Ich hätte sie auf ihrer Heimreise so gerne empfangen und ein bisschen verwöhnt – sie hatte es wirklich verdient! Und natürlich hätte ich gerne gewusst, unter welchen Umständen Wahan, Rebeccas Bruder, nach Aleppo geflohen ist."

Alice steht auf und holt Tumas Bodenvase. Sie behandelt sie wie ein rohes Ei. Armin Wegner erkennt sofort die Herkunft. „Das ist eine typische armenische Töpferarbeit, oh, und sie hat gelitten, sehe ich!"

„Ja, eines Tages ging sie zu Bruch, als die Kinder zu wild wurden. Alle standen entsetzt um den Scherbenhaufen herum. Da haben wir uns darangemacht, die Einzelteile wieder zusammenzusetzen, denn diese Vase war ein Erinnerungsstück von Tuma und Hagob Krikorian, den Eltern von Rebecca und Wahan. Seitdem steht sie an einem sicheren Ort. Sie erinnert uns täglich an die Menschen, die Gott uns anvertraut hat, und hilft uns, unsere eigenen Probleme zu vergessen.

Was Karen Jeppe betrifft, so staune ich, dass sie trotz aller schlimmen Erfahrungen nicht zerbrochen ist. Oft habe ich ihren Satz in einem Brief an mich durchbuchstabiert: ,Alice, ich wünsche Dir und mir, dass wir leiden können, ohne zu zerbrechen!'"

„Aber ich begreife nicht den Sinn, den dieses ganze Leiden haben soll", entgegnet Alfred. „Ich kann Misak verstehen, der in der äußersten Verzweiflung aufgehört hat, an Gottes Liebe zu glauben."

„Ja, Alfred, solche Momente hat es bei mir auch gegeben. Wir sind Menschen, keine Helden. Unser Geisteshorizont mag noch so weit sein – er ist zu klein, um Gottes Handeln zu verstehen. Wie Misak sind viele Leidende am Schweigen Gottes zerbrochen, andere dagegen haben mitten im Schmerz die Zusagen Gottes ernst genommen und fühlten sich aufgehoben. Ich habe auch mit Gott gekämpft, ihn angefleht, er möge das Leid von den Armeniern abwenden, aber seine Hilfe blieb aus. Ich verstehe nicht, wozu unsere armenischen Freunde dieses schwere Leid tragen müssen, ich habe nur den unwiderstehlichen Drang, mich an ihre Seite zu stellen."

„Und wenn du dabei selbst zugrunde gehst?"

„Nie hat uns Gott die Garantie gegeben, dass es uns immer gut gehen wird, aber er hat uns versprochen, bei uns zu sein, wenn wir durchs ,dunkle Tal' wandern müssen. Ich habe diese Erfahrung gemacht, und ich glaube, dass auch Karen Jeppe das bezeugen kann."

Eines Morgens stimmte Karen Jeppe ein Danklied an. Post war gekommen, von Misak und Loucia aus Aleppo – sie waren in Sicherheit!

Misak berichtete, dass er Wahan Krikorian in der Kirche begegnet sei, und dass dieser besorgt war, weil seine Schwester Rebecca bisher nicht wieder aufgetaucht sei. Man wisse aber, dass viele junge Mädchen in muslimischen Häusern als Sklavinnen gehalten würden, ungefähr dreißigtausend.

An diesem Tag bekam Karen Fernweh – oder war es Heimweh?

Offizielle Anerkennung

BERLIN 1919-1921

Seelisch angegriffen und körperlich nicht wirklich gesund, kehrte Johannes Lepsius mit seiner Familie nach Potsdam zurück, nachdem der Krieg zu Ende war. Die Zensur war gefallen, der politische Wind hatte sich gedreht. Nun konnte er ohne Einschränkung seinen Bericht über das Schicksal der Armenier veröffentlichen. Er bekam sogar Akteneinsicht in die Unterlagen des Auswärtigen Amtes zur Stellung der deutschen Diplomatie in der Armenierfrage.

Im Auswärtigen Amt hatte er ein kleines Büro, das nebenbei auch eine inoffizielle Anlaufstelle für Armenier mit ihren vielfältigen Problemen wurde.

Unter dem Titel „Der Todesgang des armenischen Volkes" veröffentlichte er den überarbeiteten „Bericht über die Lage des armenischen Volkes in der Türkei". Seine Ausführungen waren umfassend und objektiv, sodass die Regierung auf eine eigene Darstellung der Vorgänge verzichtete.

Johannes Lepsius arbeitete auch engagiert mit, als das Auswärtige Amt die diplomatischen Akten der Wilhelminischen Ära von 1882 bis 1914 herausgab. Seine Tochter Brigitta stellte sich ihm für ein paar Jahre als Sekretärin zur Verfügung. Das war keine leichte Aufgabe, denn der Vater pflegte regelmäßig bis zwei oder drei Uhr in der Nacht zu arbeiten. Der Reichspräsident Paul von Hindenburg dankte Lepsius später und betonte dabei, dass dieses Werk „für die gesamte Nation eine hohe Bedeutung besitzt", weil es Klarheit in die Frage nach den Ursachen des Weltkrieges hineinbringe.

Der Schuss – Salomon Teilirian, Berlin 1921

In jenen Tagen wanderte ein junger Armenier durch die Straßen Berlins. Krank und entwurzelt, versuchte er, sein bisheriges Leben zu vergessen. Eine lange Odyssee hatte ihn nach Berlin geführt. Hier hoffte er mithilfe tüchtiger Ärzte auf Genesung.

Salomon Teilirian war achtzehn Jahre alt gewesen, als der Deportationsbefehl in seiner Stadt Erzerum ausgerufen wurde. Kolonnenweise trieb man die Bewohner zusammen und führte sie streng bewacht aus der Stadt. Mit seinen vier Geschwistern, den Eltern, Tanten und Onkeln sowie deren Kindern war die Familie auf dem Todeszug vereint. Sie besaßen einen Ochsenkarren, ein Vorteil angesichts des langen Weges.

Sie waren noch nicht weit gekommen, da wurden sie überfallen. Man nahm ihnen die Waffen ab und suchte nach Geld, Gold und Lebensmitteln. Die beiden Schwestern, fünfzehn und sechzehn Jahre jung, wurden ins Gebüsch geschleppt, und aus der Grube hörten die Angehörigen ihre fürchterlichen Schreie.

Sie wurden nie wieder gesehen. Salomon sah, wie ein Scherge seinem Bruder den Kopf mit einem Beil spaltete, wie seine Mutter, von einer Kugel getroffen, zusammenbrach. Dann spürte er einen Schlag auf den Kopf und verlor sofort das Bewusstsein.

Wie lange er halbtot unter den Toten gelegen hatte, wusste er nicht, aber er erwachte durch widerlichen Leichengeruch. Mühsam stand er auf und begann, unter den Toten seine Familienangehörigen zu suchen. Er fand sie nicht, raffte sich auf und floh, geschützt durch das Halbdunkel, in die ihm wohlbekannten Berge.

Eine alte Kurdin nahm ihn auf und pflegte ihn, bis seine Wunden geheilt waren. Nach einem Monat gelangte er auf russisches Gebiet, wo russische Armenier ihn versorgten. Er konnte weiterwandern bis nach Persien und fand eine Stelle bei einem Kaufmann.

Im Jahr 1917 eroberten die Russen seine Heimatstadt. Salomon hörte davon und beschloss heimzukehren, in der Hoffnung, dort irgendeinen Menschen zu finden, der zu ihm gehörte. Erzerum war vollkommen zerstört, die Überreste seines Elternhauses aber konnte er entdecken. Von den 200 000 Menschen seines Ortes lebten noch zwei Familien – ihr Leben blieb verschont, weil sie zum Islam übergetreten waren.

Als er vor den Trümmern seines Elternhauses stand und in ihm die Erinnerungen an seine große Familie aufstiegen, kamen auch die Bilder der Deportation und des Massakers hoch, und er brach ohnmächtig zusammen. Dies war der erste epilepsieähnliche Anfall, von denen später weitere folgten, immer dann, wenn die Erinnerungen über ihn hereinbrachen.

Salomon erwachte todmüde. Langsam schöpfte er wieder Kraft, und dann erinnerte er sich, dass seine Eltern das mühsam erworbene Kapital in ihrem Garten vergraben hatten. Er suchte und fand über viertausend türkische Goldpfund, das entsprach einer halben Million Euro. Seine große Hoffnung, irgendwo nur einen einzigen lebenden Familienangehörigen wiederzufinden, musste er jedoch begraben.

Er versuchte, sich in Serbien eine Existenz aufzubauen, dann ging er nach Paris, um die Sprache zu lernen. Von dort entschied er sich, über Genf nach Berlin überzusiedeln, um ein Ingenieursstudium anzufangen. Er nahm Deutschunterricht, pflegte Kontakte, soweit seine stille Natur es erlaubte, und suchte Spezialisten auf, von denen er hoffte, dass sie seine Anfälle heilen könnten. Manchmal überkam ihn eine Unruhe, ein Getriebensein, das ihm das Lernen verwehrte.

Eines Tages wurde er auf der Straße Zeuge einer Szene, die sein Leben verändern sollte: Er hörte drei Herren miteinander sprechen, und einer von ihnen wurde mit „Pascha" angeredet. Neugierig näherte er sich der Gruppe und erkannte das ihm von Fotos vertraute Gesicht des ehemaligen türkischen Innenministers. Ja, er wusste, dass die beiden Minister Talaat und Enver in Abwesenheit von einem Kriegsgericht in der Türkei wegen des Völkermords zum Tode verurteilt und flüchtig waren, und die Leute hatten gemunkelt, Talaat sei in Berlin untergetaucht.

War es ein Zufall? Ironie des Schicksals? Salomon Teilirian ließ Talaat Pascha nicht aus den Augen, er folgte ihm, bis er in einem Haus in der Hardenbergstraße verschwand.

Salomon war zutiefst aufgewühlt. Was er erlebt hatte, wagte er nicht mit guten Freunden zu teilen. Das Ungeheuerliche war sein ganz persönliches Geheimnis. In seinem Reisekoffer, der im Kleiderschrank eines gemieteten Zimmers lag, hatte er seit Langem eine Pistole deponiert – für alle Fälle.

Und dann kam die Nacht, in der eine folgenschwere Entscheidung fiel. Salomon träumte. Er sah, wie sich seine Mutter auf dem Schlachtfeld aus einem Berg von Leichen erhob und ihre Hand hochreckte, und wie sie zu ihm sprach: ‚Du hast

Talaat gesehen, und du hast deine Familie nicht gerächt – du bist nicht mehr mein Sohn!'"

Dieser Traum verfolgte ihn tagelang. Salomon bemühte sich um ein anderes Zimmer. Es sollte in unmittelbarer Nähe von Talaats Wohnung sein – er fand eines und zog um. Die Unruhe wurde stärker, sein Gewissen warnte ihn, er konnte weder schlafen noch essen. Sein Herz raste, wenn er am Fenster stand, um das Haus gegenüber zu beobachten.

Am 15. März 1921 sah er, wie sich Talaat Pascha in seiner Wohnung gegenüber auf dem Balkon sonnte, dann im Haus verschwand und eine Viertelstunde später mit seiner Frau auf der Straße auftauchte. Salomon sprang auf, warf seinen Mantel um, holte den Revolver aus dem Schrank und eilte auf die Straße. Er lief hinter den beiden her, überholte sie weiträumig, kehrte dann um und ging ihnen entgegen. Er schaute dem Mörder direkt ins Gesicht, ließ die beiden vorübergehen und folgte ihnen. Mit einem sicheren Schuss in den Nacken streckte er den Verbrecher vom Bosporus zu Boden. Dann ließ er den Revolver auf die Erde fallen. Bei seiner Festnahme war er vollkommen ruhig und wehrte sich nicht, als wollte er sagen: Endlich, es ist geschafft.

Der Prozess – Berlin, 2. und 3. Juni 1921

Es war eine Woche vor Ostern, als Karen Jeppe auf ihrer Durchreise nach Aleppo in Berlin weilte. Über Genf und Genua würde sie weiterreisen nach Beirut, wo ihre Kinder Loucia und Misak sie schon sehnlichst erwarteten. Drei Jahre Heimataufenthalt hatten ihr genug neue Kraft gegeben. Sie war in Dänemark vielen Einladungen nachgekommen, um über die Vorgänge in der Türkei zu berichten. Nun hatten die „Dänischen Armenierfreunde" sie ermutigt, nach Aleppo auszureisen. Es zog sie mit Macht nach Syrien, wo Misak und Loucia hilflos in einem Meer des Elends unterzugehen drohten. Ein Strom von Flüchtlingen war unterwegs und überschwemmte die Stadt. Karen ahnte, dass das Flüchtlingselend weit größer war, als es die Zeitungen schilderten. Ihre Kinder hatten aus Aleppo geschrieben. Die Menschen starben dort wie die Fliegen, und die Lebenden hausten weithin schlimmer als die Tiere in der Steppe.

Karen wollte jedoch den neuen Lebensabschnitt nicht beginnen, ohne noch einmal ihre lieben Freunde in Potsdam gesehen und gesprochen zu haben.

„Sicherlich wisst ihr, dass man eine Anzahl Frauen und Mädchen aus der Sklaverei befreit hat, aber was bedeutet das schon? Etwa dreißigtausend Kinder, Mädchen und Frauen sind noch gefangen – verschleppt, geraubt, verschenkt oder käuflich erworben. Vermutlich gehört auch Rebecca Krikorian zu den Unglücklichen. Sie wurde zuletzt auf einem Deportationszug gesehen, unter der Fuchtel eines Gendarmen. Loucia vermutet, dass sie nicht getötet wurde – sie war ein sehr schönes Mädchen."

Johannes nickte, erinnerte sich an die kleine Episode mit dem fünfjährigen „Goliat-Kind", damals im Hof des Waisenhauses. Da hieß sie mit Nachnamen noch „Lepsiusian".

„Du gehst an eine große, wichtige Arbeit, Karen. Wir wollen dich unterstützen mit allen Möglichkeiten, die wir in dieser schweren Zeit haben. Aber wie willst du diese riesige Aufgabe meistern? Stimmt es, dass sich der Völkerbund an dich gewandt hat?"

„Angefragt hat er. Ich weiß nicht, wie ich mich entscheiden soll. Und vorerst ist eine Entscheidung auch nicht akut. Ich reise über Genf. Dort werde ich mehr erfahren. Ehrlich gesagt: Ich wäre froh, wenn ich mich unbeschwert neuen Aufgaben widmen könnte. Aber reden wir von etwas anderem – ich wüsste auch gerne, wie es euch hier geht!"

„Hier in Berlin gibt es in diesen Tagen nur ein einziges Gesprächsthema: Salomon Teilirian und Talaat Pascha. Im Juni soll der Prozess stattfinden. Die Menschen auf der Straße ergreifen leidenschaftlich Partei für den jungen Armenier. Ich bin sehr neugierig, wie der Prozess ausgehen wird", sagte Johannes. „Mord ist Mord – jedenfalls werden das die Richter sagen, aber die Sachverständigen und Geschworenen reden ja auch mit. Und es gibt genügend belastendes Material gegen Talaat – die Telegramme und die vielen Berichte von Augenzeugen."

Ein paar Wochen später war der Prozess eröffnet. Man hatte Dr. Johannes Lepsius als Sachverständigen geladen und um seinen Bericht gebeten, den er präzise ausgearbeitet hatte:

„Die allgemeine Deportation wurde vom Jungtürkischen Komitee beschlossen, durch Talaat Pascha als Minister des Innern (andererseits wohl auch durch Enver Pascha als Kriegsminister) angeordnet und mithilfe der Organisation des jungtürkischen Komitees durchgeführt. Die Deportation, die allgemeine Verschickung, die wohl schon im April 1915 beschlossen war, betraf die gesamte armenische Bevölkerung der Türkei, mit geringen Ausnahmen, die ich noch nennen werde. Die Bevölkerung der Türkei zählte vor dem Kriege 1 850 000 Armenier. Eine absolut sichere Statistik gibt es in einem Lande wie die Türkei natürlich nicht. Die genannte Ziffer ergibt sich aus dem vorhandenen statistischen Material und entspricht auch der Schätzung des armenischen Patriarchats.

Die gesamte armenische Bevölkerung von Anatolien ist auf obrigkeitlichen Befehl deportiert worden an den Nord- und Ostrand der Mesopotamischen Wüste nach Der-es-Sor, Rakka, Meskene, Ras-el-Ain bis nach Mossul hin. Was bedeutet diese Verschickung?

In einem von Talaat unterzeichneten Erlass kommt das Wort vor: ‚Das Verschickungsziel ist das Nichts.‘ Im Sinne dieses Befehls wurde dafür gesorgt, dass von der gesamten verschickten Bevölkerung nur etwa 10% am Verschickungsziel ankam; die übrigen 90% sind unterwegs ermordet worden oder, soweit nicht Frauen und Mädchen von den Gendarmen verkauft oder von Türken und Kurden verschleppt wurden, durch Hunger und Erschöpfung umgekommen. Die Armenier, die aus Westanatolien, Zilizien und Nordsyrien an den Rand der Wüste befördert wurden, sodass in den Konzentrationslagern nach und nach eine beträchtliche Menschenmenge von einigen Hunderttausend zusammenfloss, sind größtenteils durch systematische Aushungerung und periodische Massaker vernichtet worden. Sooft sich nämlich die Konzentrationslager durch neue Züge füllten, hat man sie truppenweise in die Wüste geführt und dort abgeschlachtet. Türken haben erklärt, man sei durch das Beispiel, das die Engländer mit den Buren in Südafrika gegeben hätten, auf den Gedanken der Konzentrationslager gekommen. Offiziell wurde vorgegeben, dass es sich bei den Verschickungen nur um Vorbeugungsmaßregeln handele, privatim wurde von autoritativen Personen ganz offen ausgesprochen, dass es sich darum handele, das armenische Volk zu vernichten.

Was ich Ihnen sage, ergibt sich auch aus den Dokumenten, die ich aus den Akten der Kaiserlichen Botschaft und des Auswärtigen Amtes herausgegeben habe. Es sind dies vornehmlich Berichte der deutschen Konsuln im Innern und der deutschen Botschafter in Konstantinopel.

Die Durchführung der Vernichtungsmaßregel gegen die Armenier wurde dadurch sichergestellt, dass von Konstantinopel die Walis, Mutessarifs und Kaimakams, d.h. die türkischen Oberpräsidenten, Regierungspräsidenten und Landräte, mit der Ausführung betraut wurden. Beamte, die sich weigerten, wurden abgesetzt oder auch getötet. Gegen die türkische Bevölkerung, die vielfach die Maßregeln der Regierung missbilligte, wurde ein Terror ausgeübt. Wer sich irgendeiner Unterstützung der Armenier schuldig machte, wurde vor seinem Haus getötet, und das Haus wurde abgebrannt.

Von der ursprünglichen Zahl von 1 850 000 Armeniern sind nur 450 000 übrig geblieben. Davon sind etwa 200 000 von der Verschickung ausgenommen worden, in der Hauptsache die Stadtbevölkerung von Konstantinopel, Smyrna und Aleppo. Um die Erhaltung der Armenier von Aleppo hat sich der deutsche Konsul Rößler verdient gemacht, derselbe, der in der Entente-Presse verleumdet wurde, er habe in eigener Person Massakers organisiert. In Smyrna verhinderte der maßlos verdächtigte Liman von Sanders, wie Sie selbst von ihm hören werden, die Deportation der Armenier. Dasselbe tat Generalfeldmarschall von der Goltz. Als er nach Bagdad kam, erfuhr er, dass die Armenier nach Mossul verschickt worden seien und von dort in den Tod geschickt werden sollten. Von der Goltz ließ dem Wali von Mossul erklären, er verbiete die Deportation. Als der Wali dennoch die Deportation ausführen musste, reichte von der Goltz seine Demission sein. Erst jetzt gab Enver Pascha nach, nicht ohne seinem Schreiben an von der Goltz hinzuzufügen, dass ihn ‚seine Oberbefehlsbefugnisse nicht berechtigen, sich in die inneren Angelegenheiten der Türkei einzumischen‘.

In Konstantinopel verhinderten die Botschafter die Deportation der Armenier. Ich darf hier eine Zwischenbemerkung machen. Man liest oft, die armenischen Massakers seien eine Folge davon, dass die armenische Kaufmannschaft die Türken ausgebeutet habe und dass die türkische Bevölkerung, darüber erbittert, sich spontan gegen die Armenier erhoben hätte. Zunächst ist erwiesen, dass weder die Massakers von 95/96, noch die letzten Massakers irgendwie in spontanen Volksbewegungen ihren Ursprung gehabt haben. Sowohl damals wie letzthin handelte es sich um administrative Maßregeln der türkischen Regierung. Gerade die armenische Kaufmannschaft der Haupthandelsplätze Konstantinopel, Smyrna, Aleppo ist damals wie jetzt verschont geblieben – weil sie sich loskaufen konnte. Dagegen ist die gesamte Bauernschaft von Anatolien, die 80% der armenischen Bevölkerung ausmacht, samt den Handwerkern, die größtenteils Armenier sind, in die Wüste geschickt und vernichtet worden.

Der Rest der armenischen Bevölkerung, ca. 250 000 Seelen, aus den östlichen Wilajets [Provinzen], ist durch die russische Okkupation der Grenzwilajets von der Deportation verschont geblieben und in den Kaukasus geflüchtet ...“

Potsdamer Abendrunde – 4. Juni 1921

In der Großen Weinmeisterstraße 45 in Potsdam brennt immer noch Licht, unten im Empfangsraum. Dabei ist der neue Tag bereits angebrochen. Für die kleine Gesprächsrunde aber ist das aufregende Tagesthema noch längst nicht erschöpft.

Armin Wegner ist gespannt, wie die Öffentlichkeit auf den unerwarteten Prozessausgang reagieren wird. „Man wird nach diesem unerwarteten Freispruch für Teilirian den Richtern und Geschworenen vorwerfen, sie hätten sich gefühlsmäßig beeinflussen lassen“, mutmaßt er.

„Und genau dafür gehören sie hoch gelobt“, stellt Johannes Lepsius zufrieden fest, „denn bei all den furchtbaren Ereignissen haben immer nur die Gewalt, die Staatsklugheit oder die militärische Notwendigkeit das Wort geführt – niemals konnte sich das menschliche Herz Gehör verschaffen.“

„Nur einmal“, widersprach James Greenfield. „Der Dolmetscher, der beim ersten Verhör nach der Tat zugegen war, hat sein Herz sprechen lassen. Stellt euch vor, da sitzt der Angeklagte im Kreuzverhör, und sein Dolmetscher bietet ihm Süßigkeiten an. Er wird gerügt:

‚Dies ist ein Mörder, warum tun Sie das?‘ Und er: ‚Wir Armenier lieben ihn alle, und wir werden ihn immer lieben!‘

Teilirian, noch unter Schock stehend, beantwortete alle Fragen mit: ‚Ja, so war es‘, und dadurch belastete er sich selber. Es schien ihm vollkommen gleichgültig zu sein, wie sein Prozess ausgehen würde. Er war gar nicht anwesend. Das hatte sein Dolmetscher gleich erkannt, und deshalb weigerte er sich, das Protokoll zu unterzeichnen. Der Mann gefällt mir.“

Johannes nickt zufrieden. „Der Dolmetscher hat etwas angedeutet, das mir auch in den Sinn kam. Es kann sein, dass Salomon Teilirian in Zukunft als Volksheld gefeiert wird. Auch ich wünsche ihm, dass sein weiteres Leben hell und freundlich wird.“

Eine Weile ist es still geworden, dann fährt Johannes Lepsius fort: „Und noch etwas: Wir Deutschen sind durch unser Bündnis mit der Türkei mitschuldig geworden an den Vorgängen. Dass nun ausgerechnet in Deutschland dieser Prozess zugunsten des Armeniers entschieden wurde, wird das armenische Volk mit Beruhigung zur Kenntnis nehmen. Damit ist eine bessere Basis geschaffen für einen freundschaftlichen Weg in die Zukunft. Das erfüllt mich mit großer Genugtuung und das lässt mich diese Nacht gut schlafen.“

„Willst du denn tatsächlich diese Nacht noch schlafen, Johannes?“, scherzt Alice und gähnt.

Johannes schaut auf seine Uhr, erschrickt und lächelt: „Das ‚Stündchen‘ ist wieder einmal ein wenig länger geworden, verzeih, Alice.“

„Die Chanum!"

Während in Deutschland die Wellen um den Prozess gegen
Salomon Teilirian hochschlugen, reiste Karen Jeppe auf dem
Mittelmeer einer neuen Aufgabe entgegen.

Wie unvergleichlich einfacher war das Reisen auf dem Wasser als mit der Bahn. Diesmal würde sie in Beirut an Land gehen. Damals, im Jahr 1903, war sie ausgezogen, um Witwen
und Waisen in ihrem Elend beizustehen – und es war ihr ein
ganzes Volk in Not begegnet. Diesem geschundenen Volk würde sie jetzt wieder dienen, in Syrien – dahin war geflohen, wem
es irgend möglich gewesen war. Aber Not und Elend waren
ihnen gefolgt.

Misak und Lucia hatten ein bescheidenes kleines Haus liebevoll hergerichtet, damit ihre Mutter abgeschirmt vor der Unruhe des Flüchtlingslagers an ihre wichtige Arbeit gehen konnte.
Aber zunächst einmal würden sie sie in der riesigen Menschenmenge am Hafen finden müssen!

Plötzlich lagen sie sich lange in den Armen. In solch bewe-
genden Momenten ist es gut, ein kleines Ritual zu haben, sonst
würden die Gefühle überwältigend groß. „Hattest du eine gute
Reise, Mutter?", fragte Misak, indem er ihr das schwere Gepäck abnahm, während Loucia sich über die Augen wischte und
sich um einen Träger bemühte.

Im Auto von Beirut nach Aleppo ließ die Anspannung ihrer
Gemüter nach.

„Es ist wie in den Unheilstagen in der Millet-Chan, Mutter", sagte Misak, „nur dass Gott sei Dank die Saptiehs mit
den Peitschen fehlen. Ich glaube, du wirst dringend gebraucht.
Weißt du, was die Leute hier sagen, Mutter? Den Franzosen

und Engländern ginge es nur ums Erdöl – alles andere sei ihnen im Grunde gleichgültig."

„Wenn wir hier neu zu arbeiten beginnen, können wir von der großen Politik keine Hilfe erwarten", meinte Karen bitter. „Wir werden genauso fest anpacken müssen wie einst in Urfa, vielleicht mit Schweizern und Amerikanern zusammen – wir werden ja sehen. Du, Misak, ich soll im Völkerbund mitarbeiten!"

„Im Völkerbund? Ja, aber Mutter – das wäre doch …!"

„Langsam, langsam, Misak, der Völkerbund ist gerade erst im Entstehen, er hat sich noch nicht bewährt! Ich weiß nicht, ob ich das wirklich will. Auch da wird es vielleicht um Erdöl gehen und um vieles mehr."

Mit Misak und Loucia wanderte Karen durch Aleppos Straßen nordwärts, wo das Flüchtlingselend zu Hause war. Karen war nicht überrascht – sie hatte sich alles so vorgestellt: die Erdhütten, hier und da mit Ästen und Brettern abgedichtet. Säcke mit englischen und französischen Firmenaufschriften ersetzten die Türen und die Fenster. Flach geklopfte Kanister bildeten Dächer und Wände.

Eine Ratte lief vor ihnen über den Weg, Fliegenschwärme schwirrten hoch und ließen sich wieder nieder. Plötzlich ein gellender Schrei: „Die Chanum, die Chanum von Urfa!!"

Volk strömte herbei, eine alte Frau mit zahnlosem Mund tanzte um Karen herum, ergriff ihre Hand und küsste sie viele Male. Dann musste Platz gemacht werden, die Stimmen erstarben – ein Toter wurde herausgetragen.

„Wo sollen wir anfangen, Loucia? Dies hier ist eine riesige Millet-Chan, aber ohne Mauer, ohne Wasserbassin. Wie viele Menschen leben hier?"

„Man schätzt siebzehntausend, Mutter, aber sie leben nicht, sie vegetieren."

„Was muss alles passieren, damit sie überleben? Sie brauchen Lebensmittel, Kleidung, aber vor allem Arbeit. Wir müssen versuchen, dass sie sich wieder als Menschen fühlen können – sie hausen ja schlimmer als die Tiere!"

Zu Hause in ihrem kleinen abgeschirmten Reich notierte Karen auf einen Zettel: „Einfache Großküche, Kessel, gelbe Erbsen, so viel wie möglich. Kleidersammelaktionen in Europa – in Dänemark, Schweden, Holland, der Schweiz." Die Deutschen brauchen ihre alten Textilien zunächst für sich, und Geld würden sie auch nicht schicken können, dachte sie, aber Johannes Lepsius hatte sie ermutigt, und er würde sie nicht im Stich lassen. Der Geist von Urfa sollte auch hier bald einziehen.

Nun meldete sich auch der Völkerbund bei Karen. Sie wurde berufen, die notwendige Familienzusammenführung für zerstreute Armenier in Angriff zu nehmen.

„Misak", sagte sie eines Tages „du kannst doch fotografieren! Geh ins Lager und fotografiere jede Person von vorne und von der Seite. Schreib ihre Geschichte auf, wo sie geboren wurden, wie die Familienmitglieder heißen, wen sie verloren haben und wann. Wir werden große Suchaktionen in die Wege leiten. Wir brauchen einen großen, geschickten Helferkreis, der weit über das Land verteilt ist, der den festgehaltenen Frauen auf der Flucht aus den Häusern und Zelten hilft. Wie Sklavinnen werden sie zur Arbeit angetrieben. Als Menschen zweiter Klasse haben sie keine Rechte. Viele werden misshandelt, sind der Willkür ihrer Herren wehrlos ausgeliefert. Manche werden gezwungen, den Islam anzunehmen, während sie sich nach einer Heimkehr zur armenischen Gemeinschaft sehnen. Gewaltsam befreien können wir sie nicht, sie müssen freiwillig kommen.

Sie sollen aber wissen, dass man sie auffangen wird, wenn sie ihr Gefängnis verlassen. Einen regelrechten Apparat müssen wir aufbauen, ganz selbstständig – und eigenmächtig! Kleine und große Räder müssen ineinandergreifen."

„Also Mitarbeiter suchen?"

„Deine Aufgabe, Misak! Und hier in Aleppo brauchen wir ein Aufnahmeheim für die befreiten Sklavinnen, wo sie nach der Flucht Schutz finden. Ich hoffe auf gute Helfer aus dem Ausland, die mit uns an einem Strang ziehen."

Ein solcher Helfer saß grübelnd an seinem Schreibtisch. Wie könnte er weiterhin dieser mutigen Frau zur Seite stehen? Nach dem unseligen Streit mit der Deutschen Orient-Mission war er aus der eigenen Mission ausgetreten und hatte ein neues Werk aufgebaut, die „Dr. Lepsius Orient-Mission (Armenisches Hilfswerk)". Er selbst hatte seit 1922 kein eigenes Gehalt mehr aus dem Hilfswerk erhalten, und bis 1923 konnte durch die Inflation kein Geld ins Ausland geschickt werden. Mit Mühe und Not hielt sich der Missionsapparat am Leben. Johannes Lepsius verkaufte Privatbesitz, um sich und seine große Familie erhalten zu können.

Er selbst wurde immer schwächer. Obwohl er erst Mitte sechzig war, war er hinfällig geworden, sein Körper versagte ihm immer mehr den Dienst. Die Spätfolgen seines Diabetes forderten ihren Tribut, und sein Herz hatte die letzten aufregenden Jahre nicht verkraftet. Starke Gelenkschmerzen begleiteten jede Bewegung. Aber sein Geist war hellwach, und alles drehte sich um das Wohl des von ihm so geliebten armenischen Volkes.

1924 floss der erste Geldbetrag nach Urfa. Dort hatten die Schweizer Dr. Vischer und Jakob Künzler unter den übrig gebliebenen Armeniern eine bescheidene medizinische Versorgung aufrechterhalten können.

Inzwischen arbeitete das Ehepaar Künzler aber mit der ame-

rikanischen Organisation „Near East Relief Work" (NER) zusammen, um die großen Transporte der Waisenkinder aus dem
Innern der Türkei in die syrischen Zufluchtsgebiete zu leiten.
Später übernahmen sie die Erziehung für 1500 Waisenkinder
in Ghasir im Libanon. Für diese Waisenkinder und für das
Flüchtlingsheim von Karen Jeppe versuchte Johannes Lepsius
nun Gelder zu beschaffen. Wenn auch seine Möglichkeiten
mehr als begrenzt waren, betteln konnte er noch, und er tat es
mit der ihm eigenen Überzeugungskraft.

„Suche meine Schwester ..."

Ein dichtes Netz von Mitarbeitern hatte sich gebildet, um das
Land auf der Suche nach verschleppten Armenierinnen zu durch-
kämmen. Auch Wahan Krikorian, der Bruder von Rebecca, stand
mit Bild und Familiengeschichte auf den großen Suchplakaten,
die den engagierten „Detektiven" große Dienste erwiesen.

„Suche meine Schwester Rebecca, geboren am 3.9.1895, lebte in Urfa, besondere Merkmale: sechs Finger an der rechten
Hand."

Die Mitarbeiter scheuten keine Mühe und riskierten viel, um
Sklavinnen aufzuspüren.

Unentbehrlich bei der Suche nach gefangenen Armenierinnen war das alte schwarze Automobil, ein großzügiges Geschenk
des Völkerbundes an Karen Jeppe. Misak war ein geschickter
Mechaniker und verstand es, entstehende technische Mängel
sofort zu beheben. Unter seiner Obhut blieb das „Freiheitsmobil" stets einsatzbereit. Der treue Ford durchkämmte weite
Steppen, brachte die Helfer auch in die entlegensten Dörfer.

Einige Männer tarnten sich als Hausierer, um Zutritt zu
fremden Häusern zu bekommen.

Wahan Krikorian hatte sich einem Trupp von Männern zur Verfügung gestellt, die im Flüchtlingslager von Aleppo Hütten zu menschenwürdigen Behausungen machten. Der ausgebildete Schreiner aus Urfa konnte mit seinen Kenntnissen manches Häuschen gegen Regen und Kälte abdichten. Aber wenn ihn Misak brauchte, um Sklavinnen zu befreien, war er nicht zu halten und nahm jede Gefahr in Kauf.

„Wahan, mach dich bereit, ich glaube, wir haben diesmal deine Schwester gefunden! Stell dich auf mehrere Tage ein!"

„Wieso bist du dir sicher, dass es meine Schwester ist?"

„Wir haben eine Sklavin mit sechs Fingern gefunden!"

Das „Freiheitsmobil" knatterte durch die Steppe und hielt mitten in der Einöde.

„Sie wird in einer der nächsten Nächte an diesem Stein eintreffen, wir müssen Geduld haben."

Drei Nächte schon hatten sie geduldig gewartet und nichts geschah. Da, in der vierten Nacht, regte sich etwas in der Dunkelheit. Wahan verließ seinen Späherplatz. Er summte eine typisch armenische Melodie, ein Kinderlied aus besseren Zeiten.

„Wahan?", flüsterte eine ängstliche Stimme.

„Komm schnell, Rebecca." Er zog sie ins Auto, das „Freiheitsmobil" rollte los in die dunkle Nacht.

Die junge Frau hatte sich mit letzter Kraft unter dem Schutz der Dunkelheit zum vereinbarten Platz geschleppt. Ein paar Stunden hatte sie gebraucht, immer in der Angst, man würde sie finden. Mit Sicherheit waren die Männer des Hauses unterwegs, und vielleicht würde sie jetzt nicht mehr leben, wenn man sie aufgespürt hätte.

Da war vor einigen Tagen ein „kurdischer" Händler ins Haus gekommen, der seine Ware feilbot. Als sie ihm den Tee servierte, hatte er plötzlich starr auf ihre Hand geschaut.

Am Nachmittag nahm die Waschfrau sie beiseite und raunte

ihr zu: „Komm und tu, als würdest du mir helfen", und dann sagte sie leise: „Rebecca, deine Leute wissen, dass du hier bist. Sie warten auf dich hinter dem großen Findling. Holen können sie dich nicht, du musst selber hingehen."

Rebecca hatte am Abend gewartet, bis alle im Haus schliefen. Dann versuchte sie zu entkommen, aber ihr Herr – hatte er das kurze Gespräch belauscht? – überfiel sie mit einem Messer und fügte ihr gefährliche Wunden zu.

„Du wirst es nicht noch einmal versuchen", hatte er geschrien, während sie sich vor Schmerzen krümmte. Offensichtlich hatte er nicht damit gerechnet, dass sie einen neuen Versuch wagen würde.

An der Schulter ihres Bruders schlief die erschöpfte Frau ein. Nur wenn der Wagen durch Schlaglöcher raste, schmerzte ihr geschundener Körper und ließ sie aufstöhnen. Die Stunde der Freude war für die Kinder von Tuma und Hagob noch nicht gekommen – aber sie waren wieder zusammen, brauchten keine Angst mehr zu haben.

Karen schloss Rebecca bewegt in die Arme. Sie hatte eins ihrer geliebten Urfa-Kinder zurück – ein größeres Glück gab es für sie nicht. „Du musst mir alles erzählen, Rebecca, aber zuerst sollst du dich erholen."

Langsam verheilten Rebeccas Stichwunden, der seelische Schmerz jedoch, den die letzten Jahre ihr zugefügt hatten, würde noch lange anhalten. „Ich wurde zusammen mit den Frauen von Urfa deportiert", fing sie an zu erzählen. „Damals war auch Loucia dabei, aber sie war am nächsten Tag verschwunden. Sie hat versucht, mit mir Kontakt aufzunehmen, das war jedoch nicht möglich, weil einer der Saptiehs mich nicht aus den Augen ließ. Am Abend, als wir auf einer Weide lagerten, kam dieser Mann zu mir und befahl mir, ihm zu folgen. Am Waldrand saß ein alter Kurde, der ihm Geld gab, nachdem er mich wie ein Stück Vieh gemustert hatte. Er stieß mich vor sich her und brachte mich in sein Haus. Dort verging er sich an mir. Ich musste schwer arbeiten, und wenn etwas nicht richtig war, schlug er mich.

Nach drei Jahren verkaufte er mich weiter an einen jungen Mann. Der wollte Kinder von mir, aber ich wurde nicht schwanger, weil ich etwas dagegen tat. Das merkte er und schlug mich immer wieder. Ich habe gewusst, dass ich eines Tages fliehen würde. Für diesen Tag habe ich gelebt."

Rebecca war kaum wiederzuerkennen. Ihre Schönheit, die ihr in der Zeit der Deportationen das Leben gerettet und die Ehre geraubt hatte, war nun dahin. In ihren trüben Augen spiegelte sich das Elend eines Sklavenlebens. Ihr Gang war gebückt, ihr Körper verbraucht, dabei war sie erst dreißig Jahre alt.

„Was ist mit deiner goldenen Stimme, Rebecca?"

„Sie ist gestorben, mausetot! Wer traurig ist, kann nicht singen, Chanum."

„Es gibt auch Trauerlieder, Rebecca, sie erlauben der Stimme, abzubrechen und heiser zu sein, sie wollen gesungen werden, weil die Trauer ein Recht zum Leben hat, und wenn die Stimme keine Melodie hervorbringen kann, so kann sie doch klagen."

Karen brachte Rebecca zu den Frauen, die in Gruppen zusammenkamen und Handarbeiten fertigten, um sich etwas Geld zu verdienen. Dort versuchten sie zu singen, zuerst klagend, dann immer melodischer – es waren ihre alten Lieder der Sehnsucht und des Schmerzes, und sie sangen sich je länger je mehr das Leid von der Seele.

„Klagt, o ihr Kirchen,
Bräute der Hochzeitskammer,
meine geliebten Schwestern und Brüder,
die ihr zerstreut seid in der ganzen Welt,

Nationen und Rassen, die es auf der Welt gibt,
an Christus Gläubige
und Anbeter seines Kreuzes.

Mein Herz ist in Ängsten,
und ich ringe mit mir selbst
und bin schmerzlich mit mir selbst gequält.
Und meine Seele und mein Geist sind in Aufruhr,
wenn ich mir den letzten unseligen Tag in Erinnerung rufe
und das Morgen, das so dunkel ist.

Sie sollen kommen von allen Orten,
wohin sie, jetzt verfolgt, flohen und zerstreut wurden.
O meine Kinder, die ihr so weit weggelaufen seid
und von mir getrennt wurdet!
Ihr werdet wiederkommen
auf Reisewagen sitzend, von Pferden gezogen.

Indem ich meine Augen vom hohen Aussichtspunkt erhebe,
sehe ich euch alle versammelt und bin erfüllt von Entzücken.
Ich schließe euch in meine Arme.
Ich werfe die Trauerkleider weg;
ich ziehe andere Kleider an, rot und grün."
(Nerses Schnorhali, Elegie über Edessa)

Die Nachricht von Rebeccas Rückkehr zur armenischen Gemeinschaft erfüllte die Familie Lepsius mit großer Freude. So
sorgsam, wie sie einst Tumas zerbrochene Vase zusammen-
gesetzt hatte, so gespannt verfolgte sie nun, wie ihre geliebte
Freundin Karen in Aleppo Scherben ganz anderer Art sammelte und zusammenfügte. Und wenn sie auch keine finanzielle Hilfe im großen Stil leisten konnten, so war es ihnen doch

möglich, Karen durch Briefe und bescheidene Sammlungen zu unterstützen.

Johannes ließ Karen auch an seinem Traum teilnehmen: Jetzt sei wohl endlich die Gelegenheit gekommen, ein theologisches Seminar zu gründen für Studierende aus den alten christlichen Kirchen des Orients. Zuvor aber müsse er noch etwas für seine Gesundheit tun.

Sein Herz war immer schwächer geworden, und der Arzt hatte ihm dringend geraten, ein milderes Klima aufzusuchen. Die Zeit in Meran würde er nutzen, um den Aufbau der theologischen Akademie voranzutreiben.

Der unersetzliche Freund

MERAN, OKTOBER 1925 BIS FEBRUAR 1926

Alice hatte Johannes mit einer Wolldecke in den Lehnstuhl gepackt und das Fenster des Krankenzimmers weit geöffnet.

„Nur für einen Moment, Johannes, damit du die gute Luft atmen kannst."

„Hier ist gut sein, Alice. Es atmet sich leichter in Meran." Für einen Moment genoss Johannes den Blick nach draußen: goldgelb gefärbte Lärchen vor einem blauen Himmel. „Das ist wirklich prächtig." Er atmete schwer. „Morgen will ich aber einen kleinen Spaziergang an der frischen Luft machen."

„Wir werden hören, was der Arzt dazu sagt."

Alice schloss das Fenster und setzte sich an den kleinen Schreibtisch. Johannes begann zu diktieren. Mit letzter Kraft lenkte er die Geschicke seiner Mission in Potsdam, gab Anweisungen, traf Entscheidungen, überwachte die Einnahmen und die Ausgaben. Alice gab alle Vorbereitungen weiter an die Sekretärin, die ihm täglich für einige Stunden zur Verfügung stand.

Ob Johannes es nicht spürte oder nicht wahrhaben wollte, dass seine Lebensuhr ablief? Seine Mitarbeiter, die er in letzter Zeit mehr noch als früher anfeuerte, sahen, dass er seine großen Ideen nicht mehr verwirklichen würde, aber wäre es nicht grausam gewesen, ihm das zu sagen? Eine schmerzliche Spannung hatte sich im Werk aufgebaut. Und auch hier im Sanatorium schauten sich die Mitarbeiter stumm und fragend an, wenn sie den todkranken Patienten bei seiner Arbeit antrafen.

Eines Morgens sagte Johannes: „Heute gibt es nichts zu diktieren, Alice, du kannst die Sekretärin nach Hause schicken." Er stand nicht auf, war zu müde, aber er liebte es, wenn Alice an seinem Bett saß.

„Weißt du, an was ich immer wieder denken muss? Damals in Jerusalem, da hat Maggie mir einen uralten Ölbaum gezeigt. Der war tausend Jahre alt, mindestens! Ich lag unter ihm und habe geträumt von einem tausendjährigen Leben. Ein kleines Menschenleben kam mir so läppisch kurz vor, das habe ich ihr gesagt – und das stimmt doch auch! Und dass ich sechs Menschenleben ganz locker füllen würde."

Alice nickte. „Und was hat Maggie gesagt?"

„Sie sagte: ‚Aber du hast nur eins, und Gott wird dir keine Sonderkonditionen geben.'"

„Da hat Maggie wohl recht gehabt, Johannes."

Eine Zeit lang war es ganz still, man hörte die Wanduhr ticken.

„Wie würdest du denn ein zweites Leben füllen?", fragte Alice schließlich.

„Das hat Maggie mich auch gefragt, und ich habe damals gesagt, mit Philosophie, Musik, Theater und und und … Aber heute denke ich anders: Ich würde mein erstes und einziges Leben fortsetzen, weitermachen da, wo ich jetzt stehe. Es ist nicht abgeschlossen, Alice, und das schmerzt mich. Die Armenier brauchen mich noch …" Johannes versuchte, sich aufzurichten, fiel aber matt in sein Kissen zurück.

„Ich komme mir vor wie ein Kamel in der Wüste, das die Oase riecht, aber nicht hingelangt."

„Oase? Was meinst du?"

„Das Missionsseminar für Theologen, die Akademie für Armenier, die vielen heimatlosen Armenier, die Arbeit von Karen Jeppe und Jakob Künzler, die Zeitschriften. All das ist noch nicht abgeschlossen."

„Glaubst du denn wirklich, du würdest jemals fertig werden? Selbst wenn all dies abgeschlossen wäre, dann kämen neue, große Visionen, und du würdest sie mit Begeisterung anpacken! Ich glaube, auch sieben Leben würden dir nicht reichen!"

Wie Alice nun seine Hand nehmen wollte, war sie fest verschlossen.

Sie nahm die kalte, harte Faust in ihre Hände und wärmte sie, bis sie sich langsam öffnete.

„Lass los, Johannes, es kommen andere nach dir, sie werden da weitermachen, wo du nun aufhören musst. Leg das Unvollkommene in Gottes Hand!"

Eine Woche später, am 3. Februar, tat Johannes Lepsius seinen letzten Atemzug.

Als die Nachricht seine erwachsenen Kinder erreichte, kamen sie im Elternhaus in Potsdam zusammen. Sie stellten einander die Frage, was ihr Vater wohl in dieser Situation tun würde, und Veronika meinte: „Er würde sich an den Flügel setzen und Bachchoräle singen."

Da holte Corinna die Blätter, aus denen sie so oft an den Sonntagnachmittagen zusammen mit den Eltern gesungen hatten, und sie stimmten die Choräle an, die ihr Vater geliebt hatte:

„Kommt, ihr Töchter, helft mir klagen …" und den Chor aus der Matthäuspassion: „Wir setzen uns mit Tränen nieder und rufen dir im Grabe zu: Ruhe sanft …" Und schließlich den Choral aus dem Weihnachtsoratorium:

„Dein Glanz all Finsternis verzehrt,
die trübe Nacht in Licht verkehrt.
Leit uns auf deinen Wegen,
dass dein Gesicht
und herrlichs Licht
wir ewig schauen mögen!"

Am 5. Februar fand in Meran die Beerdigung statt, und am 6. April 1926 luden die Glocken des Berliner Doms zu einer Gedächtnisfeier ein, die von der armenischen Kolonie Berlins und von der Deutsch-Armenischen Gesellschaft gestaltet wurde. Führende Vertreter aus Kirche, Politik und Mission gedachten seines großen Lebenswerkes.

Dr. James Greenfield sagte in seiner Ansprache:

„… Es war im Frühjahr 1896, nach dem furchtbaren Massaker, als Johannes Lepsius den Entschluss ausführte, durch eine Reise nach dem Orient an Ort und Stelle den Umfang und die Ursachen der Metzeleien festzustellen. Damals hatte ich zum ersten Mal das große Glück, ihn persönlich kennenzulernen. Ich war noch ein junger Student, als er mich aufforderte, ihn zu begleiten. Aus der Bekanntschaft wurde dann im Laufe der Jahre innige Freundschaft und meinerseits tiefe Verehrung für den gütigen Menschen- und Armenierfreund.

Er, dem alle Vorbedingungen zu einer weniger dornenvollen

Laufbahn gegeben waren, er ließ alles im Stich und machte die aufreibende Verfechtung der Rechte und Interessen der Armenier und die Linderung ihrer Not zu seiner Lebensaufgabe ...
Beseelt von dem Feuer edler Begeisterung für eine gerechte Sache und bewegt von den Gefühlen wahrer Menschenliebe, widmete er sich mit großem Mut und mit grenzenloser Hingabe dem einzigen Ziel, den Armeniern zu helfen ... In Johannes Lepsius verlor das Armeniertum nicht nur einen Freund, sondern viel mehr ... Potsdam, sein Wohnort, war ein Wallfahrtsort geworden für die zahlreichen Armenier von Namen und Stand, die durch Deutschland reisten; ein Zufluchtsort für die vielen Armenier, die Hilfe und Trost hier suchten.

Deutschland hat einen seiner edelsten Söhne verloren, die Armenier aber ihren einzigen Lepsius, den unersetzlichen Freund, der durch seine große Liebe sich selbst ein Denkmal gesetzt hat in den Herzen aller Armenier, ein Denkmal, unvergänglicher als Marmor und Granit ..."

Anhang

Das wahre Ausmaß des Grauens der furchtbaren Armenier-
deportationen kann durch eine Erzählung nur angedeutet
werden. Schätzungen gehen davon aus, dass während des Ersten Weltkrieges rund 1 Million Armenier auf oft bestialische
Art und Weise ermordet wurden. Die Mehrheit der Armenier
lebt heute in der weltweiten Diaspora, nur ein Teil von ihnen in
der seit 1991 selbstständigen, ehemals zur Sowjetunion gehöri-
gen Republik Armenien. Aus ihrem ursprünglichen Hauptsied-
lungsgebiet auf dem Boden der heutigen Osttürkei sind sie bis
heute so gut wie ganz verschwunden. Der Anteil der christlichen Bevölkerung auf dem Gebiet der Türkei hat seit 1895 von
rund 25 % auf heute nur noch rund 0,2 % abgenommen.

Bis heute ist in der Türkei das wahre Schicksal der christlichen Bevölkerungsgruppen ein Tabuthema. Wer öffentlich
von einem Völkermord an den Armeniern spricht, muss damit
rechnen, wegen „Herabwürdigung des Türkentums" gemäß
Artikel 301 des StGB angeklagt zu werden, wie dies beispiels-
weise dem ersten türkischen Literaturnobelpreisträger Orhan
Pamuk widerfahren ist. Sogar die Errichtung einer kleinen
Lepsius-Gedenkstätte in dessen ehemaligem Wohnhaus in
Potsdam versuchten offizielle türkische Stellen im Jahre 2001
durch massive diplomatische Interventionen zu stoppen.

Eine Erzählung kann das wahre Ausmaß der Opferbereit-
schaft, Hingabe und Liebe nur andeuten, mit der Christen
damals ihren armenischen Glaubensgeschwistern zur Seite
standen. Neben den Stationen in Urfa und später Aleppo errichteten Deutsche Orient-Mission und Christlicher Hilfsbund
weitere Waisenhäuser und Einrichtungen u.a. in Talas, Diyar-

bakir, Choi, Urmia, Harput, Marasch, Bebek, Amasya, Mesereh, Hüsenik, Van, Musch, Haruniye und Palu, später auch in Philippopel, Varna, Rustschuk, Schumen und Sofia.

Neben den genannten Akteuren Johannes Lepsius, Karen Jeppe, Jakob Künzler, Franz Eckart und Ernst Lohmann standen weitere herausragende Persönlichkeiten als Pioniere der Armenierhilfe in erster Reihe, wie etwa der spätere Begründer der Blindenmission im Orient Ernst Jakob Christoffel, die erste Missionsärztin des deutschsprachigen Raumes, Dr. Josephine Zürcher-Fallscheer, sowie die beiden Hilfsbundschwestern Hedwig Büll und Beatrice Rohner. Gemeinsam mit unzähligen Mitarbeitern und Unterstützern gaben sie ihr Äußerstes, um dem unaufhaltsamen Unheil entgegenzutreten. Zu Unrecht gerieten ihre Namen in Deutschland schnell in Vergessenheit. Im Gedächtnis des armenischen Volkes jedoch lebten sie weiter.

Am Genozid-Mahnmal in Eriwan wird heute auf einigen wenigen Gedenktafeln der internationalen Helfer gedacht, die dem armenischen Volk in seiner bittersten Stunde zur Seite standen: Unter ihnen Karen Jeppe, Hedwig Büll und Johannes Lepsius. Im Jahre 2005 äußerte der bekannte armenische Historiker und Genozidforscher Dr. habil. Ashot Hayruni diesbezüglich: „Die lange an Taten und Ergebnissen außerordentlich reiche Geschichte der beiden deutschen Armenierhilfswerke – Johannes Lepsius' ‚Deutsche Orient-Mission' und Ernst Lohmanns ‚Christlicher Hilfsbund im Orient' – zählt zu den wichtigsten Zeugnissen christlicher Nächstenliebe, die die Welt je gesehen hat. Durch die Tätigkeit der beiden Organisationen ist es aufs Beste nachzuweisen, dass sich das zwanzigste Jahrhundert nicht nur durch entsetzliche Verbrechen und unerhörte Menschenleiden ausgezeichnet hat, sondern auch durch unversiegbare Humanität und Menschenliebe, die keineswegs der Vergessenheit anheimfallen dürfen."

Das von Lepsius während des Ersten Weltkrieges neu gegründete Werk hatte es nach dem Tod der alles dominierenden Gründergestalt schwer und musste seine Arbeit nach einigen Jahren schließlich ganz einstellen. Die Deutsche Orient-Mission schloss sich Ernst Lohmanns Christlichem Hilfsbund an, der das Erbe der deutschsprachigen evangelischen Armenierhilfe weiterführte. Noch heute sieht der Christliche Hilfsbund im Orient e.V. sich dem Auftrag verpflichtet, bedrängten Christen im Nahen Osten zur Seite zu stehen. Die Umstände und politischen Gegebenheiten haben sich im Laufe der Jahrzehnte verändert. Aber bis heute werden Christen im Nahen Osten aufgrund ihrer Religionszugehörigkeit benachteiligt, verfolgt, vertrieben, ermordet. Auch heute braucht es Menschen wie Johannes Lepsius.

Im Sommer 2008   *Dr. Andreas Baumann*
                            Christlicher Hilfsdienst im Orient e.V.

Am 15. Dezember 2008 wird Johannes Lepsius 150 Jahre alt. Aus diesem Anlass soll seine Lebensgeschichte in Erinnerung gerufen werden. Aber wem ist dieser Name noch bekannt?

In dem großen Werk „Bildnisse evangelischer Menschen" (Evangelische Verlagsanstalt, 8. Auflage, Berlin 1984) und in „Meyers Großes Taschenlexikon in 25 Bänden" (B.I. Taschenbuchverlag, 8. Auflage, Mannheim 2001) sucht man Johannes Lepsius vergebens. Doch gehört er eingereiht in den Chor derer, die für Humanität und Menschenrechte ihre Stimme erhoben und schier Übermenschliches vollbrachten, um leidenden Menschen in ihrem Elend zu helfen.

Dies ist keine Biografie im strengen Sinn, sondern eine Erzählung. Wer Mühe mit historischen Abhandlungen hat, findet über eine Geschichte leichter den Zugang zu vergangenen Zeiten und ihren Personen.

Eine Geschichte erlaubt der Fantasie Raum zu geben, sei es, um sie spannender und farbiger zu gestalten, sei es, um Interesse zu wecken. Dichtung und Wahrheit vermischen sich, deshalb möchte ich an dieser Stelle den Dichtungsanteil meiner Erzählung offenbaren:

Die Familie Krikorian ist frei erfunden. Das armenische Volk sollte Gesichter bekommen, die für die erlebten Schicksale der Armenier stehen. Das, was sie erzählen, ist allerdings historische Wirklichkeit. Tuma, Hagob und ihre Kinder Wahan und Rebecca stehen für die furchtbaren Erfahrungen ihres geschundenen Volkes.

Über das Leben von Johannes Lepsius erfahren wir viel aus seinen Briefen. Aus seiner Jerusalemer Zeit jedoch existieren solche Dokumente nicht, deshalb habe ich versucht, mir über

Schilderungen seines Freundes Ludwig Schneller und über Dokumente aus dem Zeller-Archiv – das betrifft Margarethe Zeller, seine erste Frau – sein Erleben in jener Zeit vorzustellen.

Die Beiträge, die im Lauf der Jahre über Johannes Lepsius veröffentlicht wurden, schildern ihn als beeindruckenden Theologen, Politiker, Literaten und Philosophen und vor allem als beispiellosen Menschenfreund und Anwalt der verfolgten Armenier. Dass er auch eine Familie hatte, eine sehr große sogar, wird nur am Rande erwähnt. Das hat mich bewogen, mein Augenmerk auch besonders auf sein familiäres Umfeld zu lenken. Ohne seine Maggie, die ihm den Zugang zur pietistisch-diakonischen Welt in Palästina ermöglichte, und ohne die realistisch handelnde Alice, die nach Maggies Tod fünf Kinder und einen finanziell ungesicherten Haushalt übernahm und ihm weitere sechs Kinder schenkte, ist seine enorme Lebensleistung wohl kaum vorstellbar. Auch seine Kinder haben ihn sehr unterstützt.

Der beste Missionsleiter kann nichts ausrichten ohne seine Mitarbeiter in der Heimat und in den Hilfsprojekten. Leider konnte ich nur wenige von ihnen berücksichtigen. Karen Jeppe steht mit ihrem Dienst in Urfa für viele andere an anderen Orten. Ihre Geschichte und die Schilderungen aus Urfa entnahm ich dem Buch von Alfred Otto Schwede „Geliebte fremde Mutter". Das Gespräch mit Enver Pascha am 10. August 1915 hat Johannes Lepsius viel ausführlicher und eindrücklich im Vorwort seines Berichtes „Der Todesgang des armenischen Volkes" geschildert. Franz Werfel hat seinerzeit diese Aufzeichnungen auch in seinem großen Roman „Die vierzig Tage des Musa Dagh" verwertet.

Diese Erzählung konnte entstehen, weil viele Menschen mir geholfen haben. Sie zeigten mir die historischen Stätten, beantworteten geduldig meine Fragen, gaben Hinweise, recherchierten, ermutigten mich, stellten mir Quellen und Literatur zur Verfügung, reproduzierten Fotos und prüften das Manuskript. Ihnen allen möchte ich herzlich danken: Herrn Pastor Hans-Martin Kohlmann in Wippra im Harz, Prof. Dr. Rainer M. Lepsius in Heidelberg, Frau Eva-Maria Winckelmann-Aschke und ihr Mann Prof. Dr. Manfred Aschke in Weimar, Prof. Dr. Hermann Goltz in Halle, Frau Christfriede Günther in Friesdorf, Frau Annette Henke in Aachen, Herrn Pfarrer Rolf-Alexander Thieke in Berlin, Frau Doris Lorenz vom Archiv des Berliner Missionswerks, Frau Magdalene Weichel vom Zeller-Archiv in Heiningen/Württemberg, Herrn Arno Krauß und Herrn Pfarrer Andreas Maurer vom Evangelischen Missionswerk in Südwestdeutschland, den Teilnehmern und Teilnehmerinnen der Gummersbacher Literatur-Werkstatt mit ihrer Leiterin Frau Monica Buchfeld-Weispfennig sowie den Mitarbeiterinnen der Wiehler Stadtbücherei.

Mein besonderer Dank gilt meiner Lektorin Frau Alexa Länge, die mich mit großem Engagement begleitet hat, und Herrn Dr. Andreas Baumann, der mich zu diesem Buch angestiftet und jederzeit mit Rat und Tat unterstützt hat. Schlussendlich hat mein lieber Mann Eberhard mir mit seiner Fachkompetenz tatkräftig geholfen und dazu geduldig ertragen, dass ich neun Monate lang mit Johannes Lepsius „verheiratet" war.

Brigitte Troeger

Verwendete Literatur

Lepsius, Johannes: *Ex Oriente Lux – Jahrbuch der deutschen Orient-Mission 1903*, Verlag der Deutschen Orient-Mission, Berlin 1903

Lepsius, Johannes: *Der Todesgang des armenischen Volkes*, Tempelverlag, Potsdam 1916

Lepsius, Johannes: *Das Leben Jesu*, 1. Bd., Tempelverlag, Potsdam 1917

Baumann, Andreas: *Der Orient für Christus: Johannes Lepsius, Biographie und Missiologie*, Brunnen Verlag Gießen 2007

Lepsius, M. Rainer: *Johannes Lepsius: die Formung seiner Persönlichkeit in der Jugend- und Studienzeit*, Vortrag Halle 1987

Lepsius, M. Rainer: Johannes Lepsius – Biografische Skizze. (als Nachwort in: *Deutschland und Armenien 1914-1918 Sammlung diplomatischer Aktenstücke*, hrsg. v. Dr. Johannes Lepsius, Bremen 1986)

Lepsius, M. Rainer: *Richard Lepsius und seine Familie – Bildungsbürgertum und Wissenschaft*, Beitrag in: Freier, Elke/Reinecke, Walter F. (Hrsg.), Carl Richard Lepsius (1810-1884) *Akten der Tagung anlässlich seines 100. Todestages, 10.-12.7.1984 in Halle*, Akademie-Verlag, Berlin 1988

Goltz, Hermann/Meissner, Axel: *Deutschland, Armenien und die Türkei*, Teil 3, K. G. Saur Verlag, München 2004

Goltz, Hermann/Meissner, Axel (Hrsg.): *Deutschland, Armenien und die Türkei 1895-1925:* Dokumente und Zeitschriften aus dem Dr.-Johannes-Lepsius-Archiv an der Martin-Luther-Universität Halle-Wittenberg, Teil 2, Mikrofiche-Edition, K. G. Saur Verlag, München 1999

Franz Werfel: *Die vierzig Tage des Musa Dagh*, S. Fischer
Verlag, Frankfurt/Main 1960

Festschrift *450 Jahre Zeller aus Martinszell*, hrsg. v.
Martinszeller Verband e.V. zum 150. Jahrestag der
Zellerstiftung von 1838, Stuttgart 1988

Schneller, Ludwig: *Kennst du das Land?*, Wallmann Verlag,
Leipzig 1900

Schneller, Ludwig: *Kennst du ihn?*, Schriftenmissionsverlag
Neukirchen-Vluyn 1984

Hofmann, Tessa (Hrsg): *Der Völkermord an den Armeniern vor
Gericht: Der Prozess Talaat Pascha*, Nachdruck im Auftrag
der Gesellschaft für bedrohte Völker, Göttingen 1980

Feigel, Uwe: *Das evangelische Deutschland und Armenien*, Verlag
Vandenhoeck u. Ruprecht, Göttingen 1989

Greenfield, James in: *Johannes Lepsius zum Gedächtnis*,
Potsdam, Tempelverlag 1926

Einige Passagen über Karen Jeppe sind angelehnt an: Schwede,
Alfred Otto: *Geliebte fremde Mutter*, Evangelische Verlagsan-
stalt, Berlin 1976, und zwar: Troeger S. 122 „Vor sieben Jah-
ren hatte Karen Jeppe, (S. 124f) „Wie heißt du, mein Junge?",
(S. 126f) „Mutter, in Europa ist Krieg ausgebrochen", (S. 147f)
„Dies ist ein Befehl", (S. 165) „Hier in Berlin gibt es derzeit
nur ein einziges Gesprächsthema", (S. 170f) „Es ist wie in den
Unheilstagen".

Zitierte Originaldokumente

S. 69f: Flugblatt

S. 127: Johannes Lepsius ans Auswärtige Amt, aus dem Vorwort
zu: Johannes Lepsius: *Der Todesgang des armenischen Volkes*,
Tempelverlag, Potsdam 1916

S. 127 u. S. 147: Telegramme von Talaat Pascha aus: *Der Orient*
(Zeitschrift von J. Lepsius) 1921: Redaktion OLDOM,
Erlasse von Talaat Pascha in Sachen Deportation, OLDOM 6
(1921), S. 72-80 (OLDOM= Zeitschrift „Der Orient")

S.165-168: aus der Rede von Johannes Lepsius anlässlich des
Teilirian-Prozesses am 3.6.1921, in: Tessa Hofmann (Hrsg.):
*Der Völkermord an den Armeniern vor Gericht: Der Prozess
Talaat Pascha*, Nachdruck im Auftrag der Gesellschaft für
bedrohte Völker, Göttingen 1980, Original-Wortlaut, mit-
stenografiert von Armin T. Wegner.

S. 182f: aus der Rede des Botschafters Dr. James Greenfield:
„Johannes Lepsius zum Gedächtnis", Potsdam 1926, S. 12-
13 (herausgegeben wahrscheinlich vom Tempelverlag)

Das Leben von Johannes Lepsius

15. Dez. 1858	Als jüngstes von sechs Geschwistern in Berlin geboren (Vater Prof. Carl Richard Lepsius, Ägyptologe und Freund von Alexander von Humboldt; Mutter Elisabeth Lepsius, geb. Klein, Enkelin des Berliner Buchhändlers und Verlegers Friedrich Nicolai und Anhängerin von Johann-Hinrich Wichern)
1878	Abitur am Friedrich-Wilhelm-Gymnasium in Berlin
ab 1878	Studium der Theologie und Philosophie in Erlangen, München, Berlin und Greifswald
1879/80	Promotion in Philosophie
1883	1. Theologisches Examen
1883/84	Ableistung des Militärdienstes
1884	2. Theologisches Examen und Ordination
1884-1886	Erste Orientreise: Hilfsgeistlicher an der deutschen evangelischen Gemeinde in Jerusalem
29. Juni 1886	Heirat mit Margarethe geb. Zeller
1887-1896	Pfarrdienst in Friesdorf bei Wippra im Harz. Gründung einer Teppichmanufaktur. Kontakte zur Gemeinschafts- und Evangelisationsbewegung. Erste Pläne zur Gründung eines Ausbildungsseminars für angehende Orient-Missionare
29. Sept. 1895	Gründung eines Gebetsbundes für die Mission im Orient (eigentliche Geburtsstunde der Deutschen Orient-Mission)
30. Sept. 1895	Erste Armenier-Massaker in Konstantinopel
Febr. 1896	Erstes aufklärendes Flugblatt über Armeniermassaker von Ernst Lohmann

Mai/Juni 1896	Zweite Orientreise: Erkundungsreise über die Zustände in Armenien, zusammen mit James Greenfield, offiziell als Teppichfabrikant, Aufnahme der ersten 100 armenischen Waisenkinder, finanziert mit deutschen Geldern, zunächst in amerikanischen Waisenhäusern
Juni 1896	Versand des Reiseberichtes und Beginn ausgedehnter Publikationstätigkeit, um über die Zustände in Armenien zu informieren, später Herausgabe von div. Missionszeitschriften
2. Juli 1896	Gemeinsame Gründung des „Deutschen Hülfsbundes für Armenien" in Frankfurt am Main. Gegliedert in zwei Hilfskomitees: Frankfurt (Vorsitz: Ernst Lohmann) und Berlin (Sekretär: Johannes Lepsius). Bald nach der Gründung: Selbstständigkeit der beiden Komitees
Herbst 1896	Niederlegung seines Pfarramtes, nachdem ihm von der Kirchenleitung keine Beurlaubung für die Armenierhilfe zugestanden wird, Umzug nach Berlin
ab Febr. 1897	Aussendung der ersten deutschen Mitarbeiter, rascher Aufbau eines umfassenden Hilfswerkes in der Türkei, Bulgarien, Persien
1897	Dritte Orientreise: Lepsius besucht die Hilfsstationen in Bulgarien
August 1897	Teilnahme am Zionistenkongress in Basel
17. Okt. 1898	Tod seiner Frau Margarethe geb. Zeller
1898	Beginn der Herausgabe der theologischen Zeitschrift „Das Reich Christi", theologische Auseinandersetzung mit Paul Althaus und

	Hermann Cremer über das Taufverständnis
April–Dez. 1899	Vierte Orientreise: Umfassende Erkundungs- reise zusammen mit Johannes Awetaranian durch Russland, Persien, Armenien, Kurdis- tan, Mesopotamien, Bulgarien
Frühjahr 1900	Heirat mit Alice geb. Breuning
11. Mai 1900	Neue Ausrichtung der Arbeit: Man führt nun den Namen „Deutsche Orient-Mission" (DOM) und nur noch im Untertitel die Be- zeichnung „Armenisches Hilfswerk". Die Arbeit unter Muslimen soll wieder neu zu einem Schwerpunkt werden
1900	Beginn von theologischen Kontroversen mit einigen Vertretern der Gemeinschaftsbewe- gung (auf deren Konferenzen Lepsius immer wieder als Redner auftrat), die sich zuspitzen, bis es 1903/04 zum Bruch kommt
Mai 1902	Beginn der Eisenacher Konferenzen auf Ini- tiative von Lepsius
September 1905	Russlandreise, die DOM engagiert sich in der Gründung eines Theologischen Seminars für die Stundistenbewegung
März–Juli 1906	Fünfte Orientreise: Besuch der Missionssta- tionen der DOM und Teilnahme als Redner an der ersten „Mohammedaner-Missions- Konferenz" in Kairo
1908	Lepsius zieht nach Potsdam um
1908	Revolution der „Jungtürkischen Bewegung" unter Enver Pascha, Talaat Bey und Gamal Pascha
1909	Neue Armenier-Massaker in Adana
1909/1910	Eröffnung eines Ausbildungsseminars für an-

	gehende Missionare für die Missionsarbeit unter Muslimen in Potsdam, das wegen geringer Nachfrage bald wieder geschlossen wird
Juni 1910	Teilnahme an der Weltmissionskonferenz in Edinburgh
Juni-August 1913	Sechste Orientreise: Besuch von Missionsstationen; Teilnahme und Vermittlung in den diplomatischen Verhandlungen um die Armenischen Reformen in Konstantinopel
16. Juni 1914	Gründung der Deutsch-Armenischen Gesellschaft zusammen mit James Greenfield
1914	Kriegsausbruch
1915	Beginn der Armenierdeportationen in der Türkei
Juli-Sept. 1915	Siebte Orientreise: Erkundung der Situation; Gespräch mit Kriegsminister Enver Pascha
1916	Versendung des „Bericht über die Lage des armenischen Volkes in der Türkei", Protest des türkischen Botschafters beim Auswärtigen Amt, offizielle „Beschlagnahmung des Berichtes", wobei die 20.000 Exemplare bereits versandt waren
Juli 1916-1919	Aufenthalt in Holland
	Auseinandersetzung im Vorstand der DOM über den Versand des „Berichtes" und Bruch zwischen Lepsius und der DOM; 1. Juli 1917 Lepsius tritt aus der DOM aus. Er führt eigenständig seine Hilfsarbeit weiter, später unter dem Namen „Dr. Lepsius Deutsche Orient-Mission (LDOM)"
31. Okt. 1917	Verleihung der Ehrendoktorwürde durch die Theologische Fakultät in Berlin

1917/18	Veröffentlichung eines zweibändigen theol.-wiss. Werkes „Das Leben Jesu"
Nov. 1918-Juni 1919	In Potsdam. Lepsius gibt den Bericht über das Schicksal des armenischen Volkes unter neuem Titel heraus: „Der Todesgang des armenischen Volkes." Dafür zieht er Akten des Auswärtigen Amtes heran, um evtl. eigene Irrtümer zu korrigieren. Man macht ihm das Angebot, auch die Akten aus den Unterlagen des Auswärtigen Amtes zu veröffentlichen
Mai 1919	Veröffentlichung der großen Aktenpublikation aus den Unterlagen des Auswärtigen Amtes: „Deutschland und Armenien 1914-1918"
Sommer 1921	Sachverständiger im Prozess Talaat-Teilirian
1920-1923	Arbeit als Mitverfasser an der Aktenpublikation des Auswärtigen Amtes „Die große Politik der europäischen Kabinette 1871-1914". Die DOM schließt sich dem Deutschen Hilfsbund (Frankfurt) an
1924	Die LDOM unterstützt die Arbeit von Jakob Künzler im Libanon und Karen Jeppe in Aleppo/Syrien
Ende 1925	Kur in Meran
3. Febr. 1926	Tod in Meran
5. Febr. 1926	Beerdigung in Meran
6. April 1926	Gedächtnisfeier im deutschen Dom in Berlin

Geschichte der Armenier im Überblick

15.-13. Jh. v. Chr.	Erste überlieferte Erwähnung einer Staatenbildung im Armenischen Hochland („Hajassa" im Dreieck der heutigen Städte Erzican – Trapezunt – Erzurum). Daraus abgeleitet die armenische Bezeichnung „haj" (Armenier) und „hajastan" (Armenien).
8. Jh. v. Chr.	Name einer Siedlung „Jerewan" in der Gegend der heutigen Hauptstadt der Republik Armenien nachweisbar.
7. Jh. v. Chr.	Aus Südosteuropa wandern Armenier in den Südteil des Reiches Urartu (in der östlichen Türkei, im nördlichen Iran und der heutigen Republik Armenien). Vermischen sich mit der Bevölkerung von Urartu.
6.-2. Jh. v. Chr.	Unter persischer, dann unter seleukidischer Herrschaft.
190-159 v. Chr.	Glanzzeit Armeniens. Archäologische Funde: Stadtmauer, Palast sowie zahlreiche andere Gebäude, Waffen, Münzen, Gefäße, Wasserleitung, z.T. noch aus urartäischer Zeit. Neben Armenisch sprechen die gebildeten Schichten Persisch und Griechisch. Viele neue Gesetze sichern Recht und Ordnung.
um 301	Annahme des christlichen Glaubens unter der geistlichen Leitung von Gregor dem Erleuchter („Gregorianische Kirche"). Verfassung und Gottesdienst ähneln der orthodoxen Kirche. Oberhaupt der „Katholikos" mit Sitz in Etschmiadsin (seit 1443). Arme-

	nien gilt als der erste stark christlich geprägte Staat der Welt. Durch den Glauben bleibt die Nation trotz verschiedener Teilungen bestehen. Hochentwickelte Literatur und Baukunst.
4.-7. Jh.	Armenien unter persischer und byzantinischer Herrschaft geteilt. Die Armenische Kirche erkennt die Beschlüsse des Konzils von Chalcedon (451) nicht an, sie gilt als „monophysitisch". Daher verfolgt Byzanz eine armenierfeindliche Politik.
405	Schaffung eines armenischen Alphabets durch Mesrop Maschtotz. Übersetzung der Bibel ins Armenische.
640	Die Araber erobern Armenien mit der Hauptstadt Dvin. Bieten zunächst Religionsfreiheit, deshalb entscheidet sich der armenische Adel zur Unterwerfung, statt sich mit Byzanz gegen die Araber zu verbünden. Byzanz verlangt nach wie vor die Annahme des oströmischen Christentums. In Armenien blühen Kirchenmusik, Literatur, Wissenschaft und Architektur.
9.-11. Jh.	Wiedererrichtung eines armenischen Reiches, das durch innere Uneinigkeit zugrunde geht.
1064	Die türkischen Seldschuken (Muslime) erobern Armenien. Massenflucht nach Kleinarmenien und Zilizien.
1375	Ägyptische Mamelucken erobern Kleinarmenien. Damit geht das letzte eigenständige Staatsgebilde der Armenier bis zum 20. Jh.

unter. Zilizien fällt 1515 an das Osmanische Reich.

11.-15. Jh.	Häufige Eroberungen und Verwüstungen durch turkmenische, mongolische und türkische Invasionen. Zu Beginn des 15. Jh. sind die Armenier in vielen Gebieten des alten Armeniens durch Flucht, Vertreibung und Ansiedlung türkischer und kurdischer Stämme zur Minderheit geworden.
Um 1500	Das armenische Kernland wird zwischen dem Osmanischen Reich im Westen und dem Iran im Osten geteilt.
1604	Schah Abbas I. lässt ca. 250 000 Armenier in den Iran deportieren. Sie gründen die Kolonie Neu-Dschulfa, die bis heute besteht.
1639	Vertrag von Diyarbakir beendet türkisch-persische Kämpfe in und um Armenien um die Vorherrschaft. Neue Teilung Armeniens zwischen dem Iran (Jerewan und Nachitschewan) und dem Osmanischen Reich.
1828/29 u. 1877/78	Nach den russisch-türkischen Kriegen kommen große Teile Ostarmeniens unter russische Herrschaft.
19. Jh.	Im Osmanischen Reich kommt es in Westarmenien zur Erneuerung der armenischen Kultur. Durch protestantische Missionsbewegung vor allem aus den USA dichtes Netz von Schulen. Breite Bildungsschicht entsteht. Proteste der Armenier vor allem in Ostanatolien gegen ihre Unterdrückung durch übermäßige Steuerlast und ständige lokale, vor allem kurdische Übergriffe. Auf

dem Berliner Kongress vertraglich festge-
legte Reformen bringen keine Besserung für
die Armenier.

1894-1896 Unter Sultan Abdulhamid II. erste systematische Massaker, denen 200 000-300 000 Armenier zum Opfer fallen. Zu Beginn des 20.
Jh. setzen die Armenier ihre Hoffnung auf
Gleichberechtigung auf die „Jungtürken",
doch diese führen die Vernichtung armenischen Lebens in der Türkei durch.

1909 Armenierpogrom in Zilizien: Massaker von
Adana, 30 000 Tote.

24. April 1915 Die an die Macht gekommenen Jungtürken befehlen Verhaftung, Deportation
und Ermordung armenischer Intellektueller
in Konstantinopel als Einleitung des Völkermords, dem etwa 1 Mio. (nach anderen
Schätzungen bis zu 1,5 Mio.) Armenier zum
Opfer fallen. Die Überlebenden gehen ins
Exil. Zehntausende vor allem Mädchen und
Waisenkinder zwangsislamisiert. Heute leben
in der Türkei nur noch etwa 60.000 Armenier, fast alle in Istanbul. Die Türkei bestreitet
bis heute die Tatsache des Völkermords.

1920 Armenien zwischen der Türkei und der
Sowjetunion aufgeteilt.

1922 Gründung der Armenischen Sozialistischen
Sowjetrepublik. Wichtiger Industriestand-
ort für Chemie, Schuhproduktion, Informa-
tik. Reicher Anbau von Früchten und Tabak.
Beliebtes Reiseziel wegen des milden Kli-
mas. – Seit Ende der Sowjetunion Konflikt

	um Bergkarabach, einem Gebiet in Aserbaidschan, in dem mehrheitlich Armenier leben. Trotz internationaler Vermittlung bis heute ungelöst.
7. Dez. 1988	Schweres Erdbeben, etwa 25 000 Tote; große Teile der Infrastruktur zerstört, bis heute nur teilweise wiederhergestellt.
21. Sept. 1991	Gründung der Republik Armenien auf dem Gebiet der Armenischen SSR. Der größere Teil des historischen Siedlungsgebiets bleibt unter türkischer Herrschaft, u.a. der Ararat. Wirtschaftliche Entwicklung der Republik Armenien wird durch Karabach-Konflikt und Konflikt mit der Türkei behindert. Derzeit stellt der Landweg in den Iran die Hauptroute für Handel und Verkehr von und nach Armenien dar. 1996 Partnerschaftsvertrag mit der EU. Die armenische Wirtschaft wird von Überweisungen der 7 Mio. Auslandsarmenier gestützt (2005 ca. 1 Mrd. US-Dollar).

Bruder Andrew und Al Janssen

Verräter ihres Glaubens

Das gefährliche Leben
von Muslimen,
die Christen wurden

416 Seiten, Taschenbuch,
ISBN 978-3-7655-4019-6

Ahmed war von Jesus so fasziniert, dass er in der Moschee öffentlich eine sehr gefährliche Frage stellte. Den anschließenden Schlägen und Misshandlungen seiner Familie konnte er nach einigen Tagen entkommen. Doch wohin jetzt? Er musste untertauchen.

Bald trifft er Mustafa. Dieser gehört zur örtlichen Muslimbruderschaft. Ahmed traut seinen Ohren nicht, als Mustafa ihm von seiner Sehnsucht erzählt, die die Evangelien in ihm ausgelöst haben. Im Auftrag seiner islamistischen Gruppe sollte Mustafa eine Streitschrift schreiben, welche die Fehler des Neuen Testaments darstellt und die Gültigkeit des Korans betont. Das konnte er nicht tun, ohne die Evangelien vorher zu lesen, meinte Mustafa. Noch mehr junge Männer und Frauen stoßen in kurzer Zeit zu ihnen – sie alle müssen untertauchen, brauchen eine Bleibe, etwas zu essen und Arbeit. Vorsichtig suchen sie nach einem Ausweg. Doch er könnte sie das Leben kosten …

BRUNNEN VERLAG / OPEN DOORS

Helfen Sie mit, Christen im Nahen Osten ganzheitlich zu unterstützen ...

Der Christliche Hilfsbund im Orient informiert über die Situation von Christen im Nahen Osten und steht ihnen praktisch zur Seite.

Ganzheitliche Hilfe wird geleistet durch die Unterstützung verschiedenartiger Projekte:

- *Hilfsarbeit für christliche Flüchtlinge aus dem Irak* (Syrien, Jordanien, Irak)
- Betreibung eines christlichen *Internats für rund 100 sozial benachteiligte Kinder in Anjar (Libanon)*
- Unterstützung der *Evangelischen Schweizer Schule in Medjelanjar (Libanon)* mit rund 400 Schülern
- Finanzielle Förderung des *Kinderheims „Haus Zatik" in Jerewan (Armenien)* mit rund 120 Kindern und Jugendlichen
- *Förderung theologischer Ausbildung für angehende Pastoren* im Nahen Osten
- *Patenschaftsprogramm*
- Diverse *Einzelprojekte*

Gerne senden wir Ihnen kostenlos unsere Quartalszeitschrift „HILFSBUND-Impulse" oder weitere erwünschte Informationen zu!

Christlicher Hilfsbund im Orient e.V.
Friedberger Str. 101, 61350 Bad Homburg, Tel. 06172/898061
www.hilfsbund.de • hilfsbund@t-online.de